idées
reçues

Les Juifs

Pour Abraham, le Patriarche
et Rachel, la Matriarche

idées reçues

Les Juifs

Victor Kuperminc

Histoire & Civilisations

Le Cavalier Bleu
EDITIONS

Victor Kuperminc

Après avoir traduit de l'américain *Les Joies du Yiddish* de Leo Rosten et *Le Grand Livre de la sagesse juive* de Joseph Telushkin, il collabore aujourd'hui à de nombreux journaux et revues de la presse juive française.

La collection « Idées Reçues »

Les idées reçues sont tenaces. Nées du bon sens populaire ou de l'air du temps, elles figent en phrases caricaturales des opinions convenues. Sans dire leur origine, elles se répandent partout pour diffuser un « prêt-à-penser » collectif auquel il est difficile d'échapper...

Il ne s'agit pas ici d'établir un *Dictionnaire des idées reçues* contemporain, ni de s'insurger systématiquement contre les clichés et les « on-dit ». En les prenant pour point de départ, cette collection cherche à comprendre leur raison d'être, à déceler la part de vérité souvent cachée derrière leur formulation dogmatique, à les tenir à distance respectable pour offrir sur chacun des sujets traités une analyse nuancée des connaissances actuelles.

Vous souhaitez aller plus loin ? **www.ideesrecues.net**

Juif, Juive [ʒɥif, ʒɥiv] adj. et n. – Le mot s'est fixé dans sa forme actuelle vers 1223. Venant du latin *Judaeus* « de la tribu de Juda (fils de Jacob) », il désigne le peuple descendant d'Abraham, qui vivait à l'origine en Palestine. Dès l'ancien français, le mot s'est teinté de nuances péjoratives. Les chrétiens de l'époque étaient en effet hostiles aux juifs, qui pouvaient, contrairement à eux, exercer des métiers liés à l'argent. Le mot juif est alors devenu synonyme d'avare, de personne âpre au gain. Au milieu du XIXe siècle, la montée de l'antisémitisme a renforcé les connotations péjoratives du mot juif et a favorisé l'utilisation de dérivés dépréciatifs (juiverie) et de synonymes insultants (youde, youpin). En Europe centrale et de l'Ouest, à l'époque de l'émancipation, les juifs acculturés se désignèrent eux-mêmes par le terme « israélite » plutôt que « juif », pensant que ce dernier revêtait une connotation péjorative. Le terme « juif » demeure cependant le plus utilisé. Il désigne aujourd'hui à la fois les personnes appartenant au peuple juif, et celles qui professent la religion judaïque. Dispersés dans le monde entier, les juifs se répartissent entre Ashkénazes (juifs de l'Europe de l'Est), Séfarades (juifs de l'Europe méridionale et d'Afrique du Nord) et Sabras (nés en Israël).

Société et économie

Annexes

Introduction

Juif : fils d'Israël. Les juifs sont tous des marchands de lorgnettes.

Gustave Flaubert, *Dictionnaire des idées reçues*

Les juifs seraient les champions toutes catégories confondues des idées reçues. Il semble bien qu'aucun autre peuple, ethnie ou groupe de population n'en ait accumulé autant et depuis si longtemps. Dans ce domaine comme dans bien d'autres, ils furent chronologiquement les premiers. Affirmer ceci, n'est-ce pas déjà exprimer une idée reçue ?

Parmi les idées reçues concernant les juifs, il en est de vraies et de fausses ; d'anodines et de mortelles ; d'aimables et de méchantes ; de très anciennes et de très récentes. Lorsqu'une idée est reçue, qui l'envoie ? La plupart du temps, personne ne le sait. Parfois, on en suppose la source. Certaines sont dues à la communauté juive elle-même. D'autres, plus nombreuses, viennent de non-juifs ; ces idées-là sont souvent agressives et péjoratives. Ce sont ces dernières qui sont souvent à l'origine d'excès irréparables. Et plus on en démontre l'inanité, voire la stupidité, et plus elles prennent corps. Comme la calomnie du *Barbier de Séville.*

Quand une idée est reçue, qui la reçoit ? Ici se pose l'éternelle question : qui est juif ? La définition qu'en donne Flaubert n'est pas fausse, quoiqu'invérifiable – suffit-il d'être marchand de lorgnettes pour être juif ? Tout laisse à penser que Flaubert, dans cette

« idée reçue », ironise, à propos d'Édouard Drumont, un des premiers théoriciens antisémites, qui a écrit : « Le sémite vend des lorgnettes ou fabrique des verres comme Spinoza, mais il ne découvre pas d'étoiles dans l'immensité du ciel, comme Le Verrier. » Auquel cas, l'exemple n'est pas approprié à la définition, Baruch de Spinoza (devenu Benedict) ayant été excommunié par les rabbins* hollandais pour hérésie.

S'il faut en croire les principaux dictionnaires et encyclopédies, un juif serait :
– celui qui habitait le royaume de Juda ;
– celui qui professe la religion juive ;
– celui qui appartient à la communauté juive ;
– celui qui appartient au peuple juif.

Ce qu'on ne nous précise pas, c'est s'il suffit d'un seul de ces critères, ou s'il faut les réunir tous pour se déclarer juif. Selon la *Halakha* (la Loi juive), est juive toute personne née de mère juive ; ainsi que toute personne convertie au judaïsme. Autre définition : est juif celui qui est considéré comme tel par les non-juifs.

On ne prétendra pas résoudre ici cette problématique. Il est sûr, par contre, qu'« est juif, celui qui se sent juif. » Et à ce titre, celui qui se sent concerné par les idées reçues sur les juifs.

”

HISTOIRE

« Les juifs ont crucifié Jésus. »

Alors, il le leur livra pour être crucifié.

Évangile selon saint Jean, XIX,16

Voici, sans aucun doute, la plus ancienne des idées reçues concernant les juifs. Et aussi, celle qui eut, à travers les siècles, le plus de conséquences. Dans une récente série télévisée (*Corpus Christi*), Gérard Mordillat et Jérôme Prieur précisent : « Quand on pense que, sur une simple phrase de Jean, sur un mot, un pronom personnel – « leur » – interprété par les Pères de l'Église comme désignant les juifs, quand on mesure que, sur ce mot, s'est joué le malheur des juifs, il y a une perspective vertigineuse. » Matthieu rapporte que Ponce Pilate s'étant lavé les mains en présence de la foule déclara : « Je suis innocent du sang de ce juste. Cela vous regarde. » Et tout le peuple répondit : « Que son sang retombe sur nous et sur nos enfants. » C'est cette dernière phrase qui a justifié, depuis tant d'années, les persécutions antijuives chrétiennes ; c'est également la pierre angulaire de la doctrine antisémite.

L'histoire de la mort de Jésus, telle qu'elle nous est rapportée par les Évangiles, est cependant sujette à bien des controverses, et pas seulement de la part d'historiens et d'exégètes juifs. En premier lieu, ce sont les Romains qui ont crucifié Jésus. La croix était le supplice romain par excellence. La Bible* – ou Ancien Testament pour les chrétiens – ne connaît que la lapidation, mise à mort tout aussi violente. Le gibet n'était utilisé que pour exposer le corps sans vie du supplicié.

* *Les mots signalés par un astérisque sont expliqués dans un glossaire en fin d'ouvrage.*

Et le Deutéronome (XXI,22) ordonne : « Tu ne laisseras pas séjourner son cadavre, mais tu auras soin de l'enterrer le même jour, car un pendu est une chose offensante pour Dieu, et tu ne dois pas souiller ton pays, que l'Éternel, ton Dieu, te donne en héritage. » Quand on sait à quel point les prêtres juifs étaient sourcilleux s'agissant du respect de la Loi, on imagine à quel point la crucifixion et l'exposition des cadavres pendant de longues heures devaient leur faire horreur. Par ailleurs, on sait que des milliers de juifs furent eux-mêmes crucifiés par les légionnaires romains lors de la prise de Jérusalem et de la destruction du Second Temple en 70 après J.-C.

Ensuite, on nous présente Ponce Pilate comme un homme irrésolu, peu soucieux d'affirmer son autorité, puisqu'il laisse le choix à la foule des juifs de choisir de libérer Barabbas plutôt que Jésus. Il a été prouvé que les procurateurs de Rome agissaient dans les territoires conquis en véritables dictateurs, qui n'avaient d'ordres à recevoir que de César lui-même. Comment croire que Pilate, investi de tous les pouvoirs, se soit laissé influencer par une populace hurlante ? S'il avait voulu libérer Jésus, pourquoi ne l'a-t-il pas gracié ?

Enfin, on nous dit que *tous* les juifs réclamèrent la mort de Jésus, appelant eux-mêmes la malédiction divine sur leur descendance. Comment prouver que la totalité du peuple juif de l'époque fut impliquée dans l'appel au meurtre ? La tradition juive rapporte que la plus haute institution judiciaire, le Grand Sanhédrin*, composé de soixante et onze sages, était seul habilité à prononcer la peine capitale. La procédure favorisait tellement les circonstances atténuantes qu'un Sanhédrin qui prononçait une peine de mort tous les soixante-dix ans était considéré comme « un tribunal meurtrier » ! Le Talmud* affirme même que le recours à la peine capitale avait cessé d'être appliqué à l'époque de la Crucifixion.

L'Église ayant déclaré les juifs coupables de déicide, il allait s'ensuivre des siècles de persécutions antisémites, des Croisades aux ghettos* et aux pogroms. Les idéologies totalitaires du XXe siècle, même éloignées des dogmes chrétiens, reprirent ensuite à leur compte la haine antijuive organisée pour justifier la Shoah et, dans une certaine mesure, le Goulag.

Les relations entre le monde juif et les autorités ecclésiastiques ont cependant évolué, lentement certes, mais profondément. Le 25 mars 1928, Pie XI fait publier un décret « condamnant au plus haut point la haine contre le peuple autrefois choisi par Dieu, cette haine qu'aujourd'hui on a coutume de désigner sous le nom d'antisémitisme. » C'est le même Pape qui, dans son encyclique *Dans ma poignante inquiétude,* condamne l'idéologie nazie en comparant l'idéologie raciale « à des idoles païennes qui stigmatisent l'ordre divin. » La diffusion de l'encyclique fut interdite en Allemagne et les exemplaires existants détruits par la Gestapo. L'attitude de Pie XII qui lui succède en février 1939 est tout autre. Il lui est reproché encore aujourd'hui son neutralisme bienveillant envers Hitler et Mussolini, pendant les sombres années de la Seconde Guerre mondiale.

En octobre 1940, lorsque le premier statut des juifs fut promulgué par le gouvernement de Vichy, l'approbation du Vatican fut sollicitée. Léon Bérard, ambassadeur de France près du Saint-Siège, répondit ainsi à une note du Maréchal : « Par votre lettre du 7 août 1941, vous m'avez fait l'honneur de me demander certains renseignements touchant les questions et les difficultés que pouvaient soulever, du point de vue catholique romain, les mesures que votre gouvernement a prises à l'égard des juifs. J'ai eu l'honneur de vous adresser une première réponse où je constatais que jamais il ne m'avait été rien dit qui supposât, de la part du Saint-Siège, une critique ou une désapprobation des actes législatifs et réglementaires dont il s'agit. Je puis affirmer, en outre, qu'il n'apparaît pas que l'autorité pontificale se soit, à aucun moment, occupée ni préoccupée de cette partie de la politique française, et qu'aucune plainte ou requête venue de France ne lui en a, jusqu'à présent, donné l'occasion. » En un mot, l'ambassadeur confirme que le Pape s'en lave les mains, comme un autre Romain quelques siècles auparavant.

Certains évêques français eurent le courage de désobéir aux ordres de l'État, prenant le risque de contrer leur hiérarchie, voire les autorités allemandes. Mgrs Gerlier à Lyon, Saliège à Toulouse, Théas à Montauban et Rémond à Nice résistèrent en organisant le sauvetage clandestin de juifs poursuivis et persécutés. Ils furent secondés par un grand nombre de prêtres dont certains furent déportés et anéantis.

Le Pape préféré des juifs est probablement Jean XXIII, le successeur de Pie XII en octobre 1958. En 1960, le Pape, dont le nom laïc était Joseph Roncalli, avait organisé une grande réunion avec les notables du monde juif. Lorsque ceux-ci entrèrent dans la salle des audiences, ses premiers mots furent : « Je suis Joseph, votre frère ! » Il reprenait les paroles que le Joseph de la Bible prononça en se faisant reconnaître de ses frères, leur signifiant ainsi son pardon pour leur conduite passée (Genèse XL,4). C'est le même Jean XXIII qui initia le Concile Vatican II, et publia la déclaration *Nostre Aetate*, qui est, sans doute, le document qui a bouleversé les relations judéo-chrétiennes. L'Église refuse dorénavant que les juifs soient « présentés comme réprouvés et maudits. » ; elle reconnaît solennellement les erreurs et les fautes des chrétiens au cours de l'histoire. Mais l'apport essentiel de *Nostre Aetate* aux relations des juifs et des chrétiens se trouve dans cette reconnaissance : « Scrutant le mystère de l'Église, le concile rappelle le lien qui relie spirituellement le peuple du Nouveau Testament avec la lignée d'Abraham. L'Église du Christ en effet, reconnaît que les prémisses de sa foi et de son élection se trouvent, selon le mystère divin du salut, dans les Patriarches*, Moïse et les Prophètes. »

La voie était tracée. Paul VI poursuivit et termina le concile Vatican II voulu par son prédécesseur. Il créa en 1974, la commission pontificale pour les rapports religieux avec le judaïsme. Jean-Paul II se rendit à la synagogue* de Rome, le 13 avril 1986. En mai 1994, une commission épiscopale allemande déclara à Jérusalem : « Devant les fautes des églises et des fidèles à l'égard du peuple juif, nous avons à confesser que nous sommes pécheurs. »

Et le 30 septembre 1997, les évêques d'Ile-de-France décidèrent d'accomplir publiquement un geste de repentance. Le lieu choisi, le camp de Drancy, l'antichambre des camps de la mort nazis, était hautement symbolique. Le porte-parole des évêques conclut ainsi : « Devant l'ampleur du drame et le caractère inouï du crime, trop de pasteurs ont, par leur silence, offensé l'Église elle-même et sa mission. Aujourd'hui, nous confessons que ce silence fut une faute. Nous implorons le pardon de Dieu et demandons au peuple juif d'entendre cette parole de repentance. »

L'idée reçue selon laquelle le peuple juif fut déicide a apparemment vécu. Pendant près de vingt siècles, elle fit des ravages dont les plaies ne sont pas toutes cicatrisées. On n'enseigne plus dans les catéchismes que le Fils de Dieu fut mis à mort par les juifs. Mais l'idée reçue est-elle sortie de tous les cerveaux ? Espérons-le.

« Les juifs sont d'éternels errants. »

Dieu dit à Abraham : « Sache-le bien,
ta postérité séjournera sur une terre étrangère,
où elle sera asservie et opprimée... »

Genèse, XV,13

Déjà, au temps d'Abraham, la *Galout* (exil, en hébreu*) était annoncée. Allaient suivre, à travers les siècles, la servitude en Égypte, la fuite et l'errance de quarante années dans le désert, et enfin l'entrée en Terre Promise. Puis vinrent, bien plus tard, la prise de Jérusalem par Nabuchodonosor, la destruction du Premier Temple en 586 avant J.-C., et l'exil à Babylone. Lorsque Cyrus, roi de Perse, défit Nabuchodonosor, quelques dizaines d'années plus tard, les juifs se virent autorisés à revenir à Jérusalem, ce que ne fit qu'une minorité d'entre eux. Ceux qui préférèrent rester à Babylone formèrent la première *Diaspora**, terme grec désignant la dispersion.

Des siècles plus tard, le temple de Jérusalem fut rebâti par Hérode, puis à nouveau détruit, cette fois par les Romains de Titus, en 70 après J.-C. Les juifs qui refusèrent l'asservissement à la loi romaine partirent à leur tour en *diaspora* et essaimèrent sur tout le littoral méditerranéen. Durant la période chrétienne, le phénomène ne fit que s'accentuer. Témoin, la légende du Juif Errant. La source de cette légende se trouve dans l'Évangile selon saint Jean (XXI,23), d'où on peut tirer deux interprétations. En premier lieu, il s'agirait du cordonnier qui repoussa du seuil de sa maison le Christ qui voulait s'y reposer durant la montée au Golgotha. Ou bien, le Juif Errant serait le portier de la maison de Ponce Pilate, sous le porche de laquelle Jésus voulait s'arrêter pour se reposer. « Marche, Jésus, dépêche-toi, pourquoi t'arrêtes-tu ? » Et le portier frappa le Christ au visage qui lui répondit : « J'y vais, mais tu devras errer jusqu'à mon retour. » À cette époque, le Juif Errant avait 30 ans. Et chaque fois qu'un nouveau siècle s'ajoute à son âge, il meurt et ressuscite aussitôt, pour reprendre son errance. La littérature s'est emparée du personnage. On le retrouve en Angleterre, au XIIIe siècle ; puis, sous le nom d'Ahasvérus en Allemagne, au XVIe siècle ; plus près de nous, de grands écrivains tels Goethe, Chamisso ou Hamerling en font le héros de poèmes, drames et ballades. Eugène Sue en fit le héros de son célèbre roman-feuilleton. Jusqu'à Apollinaire qui lui consacra une nouvelle, et Jean d'Ormesson un copieux roman.

L'idée reçue selon laquelle le peuple juif serait en perpétuelle errance est solidement installée. Elle est puissamment confortée par la permanence de l'espoir du retour à Sion* (du nom d'une colline de Jérusalem) que les juifs croyants ont nourri de tout temps. Le *Seder** (l'office de Pâque) et l'office de *Yom Kippour** (le Grand Pardon) se terminent tous deux par cette prière, en forme de vœu : « L'an prochain à Jérusalem ! » Le fort attachement des juifs à la ville de Jérusalem se manifeste dans ce psaume :

« Sur les rives des fleuves de Babylone, là où nous nous assîmes,
Nous pleurâmes au souvenir de Sion.
Aux saules qui les bordent, nous suspendîmes nos harpes.
Car là, nos maîtres nous demandaient des hymnes,
Et nos oppresseurs des chants de joie.
"Chantez-nous, disaient-ils, un des cantiques de Sion !"

Comment chanterions-nous l'hymne de l'Éternel en terre étrangère ?
Si je t'oublie, Jérusalem, que ma droite refuse mon service !
Que ma langue s'attache à mon palais,
Si je ne me souviens pas toujours de toi,
Si je ne place pas Jérusalem au sommet de toutes mes joies ! »

Beaucoup de familles juives françaises ont des oncles, tantes, cousins en Israël*. Mais aussi aux États-Unis, et certaines en Amérique du Sud (Argentine, Uruguay, Brésil). Plus rarement en Russie, dans les États de l'ex-URSS et dans les pays de l'Europe de l'Est qui étaient leurs satellites. Plus rarement encore, dans les pays du Maghreb. Très souvent, on échange des vœux à l'époque de *Roche Hachana* (le nouvel an juif) ; de temps à autre on se rend visite, à l'occasion des grands événements familiaux, naissance, circoncision, *bar-mitzva**, mariage, funérailles ; on s'échange des nouvelles et des photos de la famille, on évoque les vieux souvenirs. C'est ce côté international qui a toujours favorisé l'adjectif « cosmopolite », si souvent employé par la propagande des pays du bloc ex-communiste pour qualifier les juifs en général, et les leurs (s'il en est resté) en particulier. Mais les Italiens, les Espagnols, les Portugais vivant en France ne sont-ils pas exactement dans la même situation ? D'ailleurs, on parle de *Diaspora* quand on évoque ces communautés disséminées, elles aussi, à travers le monde. Et les xénophobes affublaient naguère, toutes ces communautés du nom, très méprisant, de « rastaquouère ».

Toutefois, la *Diaspora* juive se distingue fondamentalement des autres vagues migratoires. Les juifs d'Europe de l'Est ont quitté le pays où leurs ancêtres vivaient souvent depuis des siècles, à cause des persécutions dues à leur simple état de juif. Lorsqu'ils sont arrivés en France, ils ont formé la *Diaspora* juive, et non pas polonaise, russe ou ukrainienne. À l'exception notable de l'émigration arménienne, les autres grands flux migratoires ont été dus à des motivations économiques.

Les juifs n'ont été d'éternels errants que lorsqu'ils ont été maltraités dans les pays où ils s'étaient installés. Les juifs d'Espagne – les *Séfarades** – ont vécu pendant des siècles en bonne harmonie avec les souverains musulmans. Pendant trois cents ans, du Xe au XIIe siècle, nombre de juifs espagnols furent appelés à de hautes fonctions. Certains furent les conseillers et les médecins personnels des califes. Ils ne sont partis que contraints et forcés par l'Inquisition et les décrets d'expulsion de 1492. Ceux qui avaient refusé la conversion forcée émigrèrent vers le Portugal dans un premier temps, puis vers le sud de la France, les Pays-Bas et l'Angleterre, mais surtout vers le Maghreb et l'Empire ottoman.

La France du Nord et l'Allemagne expulsèrent leurs communautés juives autour de 1350, année de la grande Peste noire. La croyance populaire attribua l'épidémie aux juifs. Il s'ensuivit une immense vague de persécutions qui n'avait eu son équivalent en intensité qu'à l'époque des Croisades. Les juifs ashkénazes* partirent vers l'Est. Un grand nombre d'entre eux fut accueilli en Pologne par le roi Casimir le Grand, dont l'intention était de créer dans son royaume une classe intermédiaire entre la noblesse et la paysannerie. Ils s'installèrent en Pologne, essaimèrent dans les États baltes (surtout en Lituanie), en Ukraine et en Russie. Ils vécurent, souvent repliés sur eux-mêmes, dans les *shtetl** (petites villes à grande majorité juives). Après la vague de *pogroms* (du russe « détruire entièrement ») de la fin du XIXe siècle, un grand mouvement migratoire emporta les juifs d'Europe orientale vers l'Amérique, surtout la côte Est des États-Unis. Un certain nombre d'entre eux choisit l'Europe de l'Ouest (France, Belgique, Grande-Bretagne). On connaît le sort réservé à ceux qui restèrent au « vieux pays » pendant la Seconde Guerre mondiale, à l'issue de laquelle les survivants émigrèrent, pour beaucoup d'entre eux, vers la Palestine sous mandat britannique.

Aujourd'hui, le Juif Errant a enfin trouvé le repos. Là où ils se sont intégrés, là où ils vivent en paix, les juifs demeurent. Les communautés juives sont toujours disséminées à travers le monde. Il y en a de très importantes : Israël, bien sûr, États-Unis, France, Russie, Argentine ; et de minuscules : Chine, Cuba, Saint-Domingue, et bien d'autres.

« Les juifs ont la double nationalité. »

De ta demeure sainte, ô Seigneur, bénis et protège la République française et le peuple français... Que les rayons de Ta lumière éclairent et guident ceux qui sont à la tête de l'État, que ta miséricorde et ta grâce soient leur bouclier. Amen !

Prière pour la République française (extraits)

Pour Theodor Herzl (1860-1904), le père du sionisme*, il n'y avait pas d'autre solution que l'établissement d'un État juif qui rassemblerait toutes les *Diasporas** disséminées dans le monde. Correspondant à Paris d'un journal viennois, il assista à la dégradation publique du capitaine Dreyfus, sous les cris de la foule qui scandait : « Mort aux juifs ! » Si la réaction populaire en France – le premier pays à leur avoir accordé l'égalité des droits – était de rendre responsable tous les juifs des agissements d'un seul d'entre eux (l'innocence de Dreyfus était loin d'être démontrée à cette époque), alors il devenait urgent de trouver un foyer national au judaïsme mondial. Devant le refus définitif des autorités britanniques de lui accorder la Palestine, Herzl obtint en 1903, un territoire... en Ouganda. Il présenta le projet africain au cours d'un congrès où l'idée fut violemment rejetée.

La fondation de l'État d'Israël* en 1948 réalisa le rêve de Herzl. Dès 1950, le jeune État promulgua la Loi du retour aux termes de laquelle Israël est l'État de « tous les juifs ». Ce qui signifie que tout juif, à travers le monde, peut demander à faire son *aliya**, c'est-à-dire sa « montée » en Israël. Peut-on dire, en conséquence, qu'un juif vivant en *Diaspora**, ne peut pas être, à la fois, un bon citoyen du pays où il vit – souvent depuis des générations – et attaché à Israël ? C'est précisément une idée reçue qui demeure tenace. Certains continuent d'entretenir la confusion entre « israélite » et « Israélien », le premier terme s'appliquant à l'origine ou à la religion ; et le second à un citoyen de l'État d'Israël.

L'exemple de la France est particulièrement significatif. Lors d'un débat à l'Assemblée nationale, le 23 décembre 1789, le comte de Clermont-Tonnerre, député de Paris, déclara : « Il faut tout refuser aux juifs comme nation, et accorder tout aux juifs comme individus ; il faut qu'ils ne fassent dans l'État ni corps politique, ni ordre ; il faut qu'ils soient individuellement citoyens. » Puis, l'émancipation de 1791 fit des juifs des citoyens à part entière ; ils étaient devenus des « Français de confession juive ».

En 1806, Napoléon décida de faire revivre l'antique institution du Sanhédrin*, disparue depuis des milliers d'années. Le Sanhédrin était, à l'époque biblique, l'assemblée de soixante et onze sages qui légiféraient et jugeaient. Ses décisions étaient sans appel, et engageaient l'ensemble du peuple juif. L'Empereur fit poser au nouveau Sanhédrin douze questions. Parmi celles-ci, plusieurs étaient centrées sur l'attitude des juifs envers les non-juifs et envers le gouvernement français. Le Sanhédrin rassura Napoléon : les juifs français étaient français d'abord ; ils aimaient la France et mourraient pour la patrie, le cas échéant. L'organisation de la communauté juive française en consistoires qui suivit le Sanhédrin, subsiste encore de nos jours. Seule la sinistre parenthèse de l'État de Vichy, de 1940 à 1944, remit en cause la pleine citoyenneté des juifs français accordée par la Révolution.

Cependant, les personnalités politiques françaises d'origine juive se sont souvent trouvées dans l'obligation de démontrer leur patriotisme, mis en doute par leurs adversaires. Ainsi Adolphe Crémieux(1796-1880), brillant avocat qui occupa de très hautes fonctions dans la IIe et la IIIe République, fut requis, au début de sa carrière de prêter le serment *more judaico,* le « serment selon la coutume des juifs ». Le Premier Empire prétendait que le simple serment ne lierait pas les juifs, qu'ils soient plaideurs, plaignants, témoins ou avocats. Le serment devait être prêté à la synagogue* devant le rabbin*, « en présence du livre de la Loi, après avoir entendu les malédictions inscrites dans le Deutéronome en cas de parjure ». Crémieux refusa catégoriquement et s'écria : « Est-ce que je suis dans une synagogue ? Non, je suis dans une salle d'audience. Est-ce que je suis à Jérusalem ? Non, je suis à Nîmes. Est-ce que je suis seulement juif ? Non, je suis citoyen français et je prête le serment d'un juif citoyen français ! » Plus tard, Crémieux, ministre de la Justice, fit supprimer le dégradant serment *more judaico*. Et en 1871, il fit accorder aux juifs d'Algérie la pleine citoyenneté française (décret Crémieux).

Au cours de son discours d'investiture, en avril 1936, Léon Blum se vit interpeller par Xavier Vallat, futur haut commissaire aux Questions juives de Vichy : « Pour la première fois de son histoire, ce vieux pays gallo-romain sera gouverné par un juif ! » Lorsque Pierre Mendès-France engagea, en 1954, les pourparlers qui allaient aboutir à la paix en Indochine, on entendit à la buvette de l'Assemblée nationale des propos contre « le juif qui veut donner un coup de poignard dans le dos du corps expéditionnaire ». Et quand, en décembre 1974, Simone Veil présenta au Parlement son projet de loi autorisant l'interruption volontaire de grossesse, on entendit le même type de commentaire.

Pourtant, le patriotisme des juifs français ne fut jamais, à notre connaissance, pris en défaut. Malgré des années passées au bagne de l'île du Diable, Alfred Dreyfus, accusé, condamné puis réhabilité, demeura dans l'armée à laquelle il resta fidèle jusqu'à la fin de sa vie. Dès le début des deux guerres mondiales, les jeunes juifs de France s'enrôlèrent en masse ; et ceux qui n'avaient pas la nationalité française s'engagèrent dans la Légion étrangère. Ce qui n'empêcha pas la Police française de Vichy d'arrêter, dès 1940, les soldats juifs qui avaient pris part à la « drôle de guerre » dès leur démobilisation, de les parquer dans les camps du Loiret et celui de Drancy avant leur déportation vers les camps de la mort nazis.

L'attachement des juifs de la *Diaspora* pour Israël est une réalité. Aucun des événements du Proche-Orient ne les laisse indifférents. Certains soutiennent la politique israélienne sans réserve. D'autres la critiquent, s'y opposent. Mais, dans la grande majorité des cas, leur solidarité avec leurs frères d'Israël ne peut pas être mise en doute. L'attitude des dirigeants des pays d'accueil vis-à-vis d'Israël peut même déterminer leur opinion de citoyen. C'est ainsi qu'on a pu parler de « vote juif », sans qu'on n'ait jamais pu en vérifier la réalité. Une idée reçue bien ancrée dans les esprits affirme que les juifs des États-Unis votent démocrate plutôt que républicain. On observe, en effet, que la politique démocrate est, en général, plus favorable à Israël que celle menée par les Républicains. En France, il est à peu près impossible de faire une telle analyse. Ce dont on peut être sûr, c'est que le vote juif ne va pas à l'extrême droite. Le balancier des relations entre la France et Israël oscille tantôt à gauche, tantôt à droite.

Récemment, un analyste politique employait le terme de « judéo-centrisme » pour qualifier la propension des juifs à se déterminer en fonction de « ce qui est bon (ou mauvais) pour les juifs ». Mais toutes les minorités ont cette attitude, en réaction à la réponse des décideurs politiques à leurs problèmes particuliers. Les chasseurs ne votent pas pour les écologistes, et *vice versa* ; les Corses ne votent pas pour les partis qui ne veulent pas considérer qu'il y a un problème corse. Les grandes orientations politiques – économie, affaires étrangères, éducation, environnement – jouent, alors, un rôle mineur dans les choix des urnes.

Avec la création de l'État d'Israël, en 1948, les juifs affluèrent du monde entier, vers la Terre Promise. Mais on peut remarquer que la *Diaspora* ne se vida pas pour autant. Les juifs américains, bien installés aux États-Unis, ne furent pas tentés, pour la plupart, par l'*aliya*. Lorsque les juifs du Maghreb furent chassés de leur terre natale, la majorité d'entre eux choisit la France, faisant de la communauté juive française la plus importante d'Europe. Mais, dès l'époque de la *perestroïka*, les juifs russes dont la vie était devenue impossible sous le régime soviétique, partirent en masse vers Israël. Le mouvement ne fit que s'amplifier après la chute du Mur de Berlin.

Dans chacun des pays où ils vivent, les juifs sont d'abord des citoyens. Ils ont gardé leur spécificité, qu'elle soit due à la pratique religieuse ou au simple respect des traditions. Et ils se sentent, en règle générale, concernés par le devenir d'Israël.

« Parce qu'ils sont le peuple élu, les juifs font un complexe de supériorité. »

Tu nous as choisis parmi toutes les nations.
Ô, Dieu, qu'as-tu donc contre nous ?

Vieille histoire yiddish

L'élection du peuple juif trouve son origine dans la Genèse lorsque Dieu s'adresse à Abraham en ces termes : « Je te ferai devenir une grande nation ; je te bénirai, je rendrai ton nom glorieux (...) je bénirai ceux qui te béniront, et qui t'outragera, je le maudirai ; et par toi, seront heureuses toutes les familles de la terre. » Plus loin, Dieu dit, en parlant d'Abraham : « Si je l'ai distingué, c'est pour qu'il prescrive à ses fils et à sa maison d'observer la voie de l'Éternel, en pratiquant la vertu et la justice. »

Abraham, en acceptant l'Alliance avec Dieu s'engage par un contrat qui comporte peu d'avantages en contrepartie de terribles contraintes. Il est exigé des juifs qu'ils soient monothéistes, à une époque où on adorait des idoles. Il leur est imposé une conduite qui doit servir d'exemple aux autres nations. Le prophète Amos les menace : « Écoutez cette parole que prononce l'Éternel sur vous, enfants d'Israël* (...) C'est vous seuls que j'ai distingués entre toutes les familles de la terre, et c'est pourquoi je vous demande compte de toutes vos fautes. »

L'élection du peuple juif n'implique en aucune manière une quelconque supériorité sur les autres nations. C'est une idée reçue que d'établir un lien entre élection et racisme. Selon la théorie nazie, les

Aryens étaient supérieurs à tous les autres peuples, ce qui les autorisait à les exterminer ou à les réduire en esclavage. Pour les juifs, tout être humain qui respecte les sept Lois « Noachides » est compté « parmi les pieux des nations du monde ». Ces lois imposées à Noé après que l'humanité fut détruite par le Déluge, sont bien antérieures aux lois de Moïse. Ces sept lois se comparent aux… six cent treize imposées à tout juif croyant.

LOIS NOACHIDES

1. Établir et respecter la justice.
2. Interdire le blasphème, donc le faux témoignage.
3. Rejeter l'idolâtrie.
4. Interdire l'inceste, l'adultère et les délits sexuels.
5. Interdire le meurtre.
6. Interdire le vol.
7. Interdire de manger de la chair découpée d'un animal vivant, donc la cruauté sous toutes ses formes.

L'élection du peuple juif n'a jamais pu évoluer vers une doctrine raciste, parce que les juifs ne constituent pas une race, contrairement à la néfaste idée reçue de « race juive ». Chacun peut devenir juif par la conversion. La conversion est toujours l'expression d'une volonté individuelle, selon une procédure très précise ; il n'y a pas de prosélytisme juif, il n'y a jamais eu de missionnaires juifs. La candidature à la conversion n'est retenue qu'après un rigoureux examen des motifs, une solide formation et une mise à l'épreuve.

Les juifs eux-mêmes ont pu entretenir l'idée de supériorité par l'emploi du mot *goy** pour désigner un non-juif. *Goy* (*Goyim*, au pluriel) en hébreu*, signifie « nation ». Le terme s'applique aussi bien au peuple juif qu'à tous les autres peuples. Mais l'usage a voulu que la nation juive ait été désignée dès les temps bibliques par « Israël ». Et *Goy / Goyim* désigne, dans le langage courant, aussi bien en hébreu qu'en yiddish, tous les groupes ethniques autres qu'Israël. L'emploi de *goy* est condescendant, voire péjoratif. On peut remarquer cependant, que les minorités emploient souvent un terme de ce type, pour désigner « celui qui ne fait pas partie de la bande ». Le Petit Robert affirme même que « goujat » vient de *goya* (féminin de *goy*), « servante chrétienne ». Cette étymologie n'a pas été reprise par Le Larousse.

Le concept de l'élection a eu pour conséquence très négative l'affirmation par quelques juifs extrémistes que les malheurs du peuple d'Israël ont été dus à la violation de la Loi, donc au non-respect de l'Alliance divine. « Vous avez été punis, disent-ils parce que vous vous êtes comportés comme les autres, alors que vous auriez dû être meilleurs. » Ils dirent ceci aux survivants de la Shoah, assimilant ainsi les bourreaux à des justiciers de Dieu. Ils furent heureusement peu nombreux, et leurs propos furent violemment rejetés par l'ensemble de la communauté juive.

La déclaration du général De Gaulle à propos des Israéliens vainqueurs de la Guerre des Six Jours – « ce peuple d'élite, sûr de lui et dominateur » – fit grand bruit. Les juifs du monde entier se sentirent concernés, choqués, mais – il faut bien le dire – flattés.

Mais où était donc le « peuple d'élite, sûr de lui et dominateur » pendant la Shoah ? « Maltraité, injurié, il n'ouvrait pas la bouche ; pareil à l'agneau qu'on mène à la boucherie, à la brebis silencieuse devant eux qui la tondent, il n'ouvrait pas la bouche. » (Isaïe,

LIII,7) Ces paroles du prophète Isaïe, évoquant le peuple d'Israël, servent de référence quand on évoque l'attitude des juifs devant leurs bourreaux. La Shoah les a anéantis, et leur voix ne s'est pas fait entendre, ils se sont laissés massacrer. Cette idée reçue est encore vivace parmi les juifs des générations qui ont succédé à celles de la Shoah, particulièrement chez les Israéliens « sabras », c'est-à-dire nés en Israël.

Bien qu'un certain nombre de juifs se soient révoltés, plusieurs raisons expliquent que l'écrasante majorité ne le fit pas. Très peu avaient des armes, les bras et les jambes n'auraient été d'aucune utilité contre l'armée la plus puissante d'Europe. Les millions de Russes, prisonniers des Allemands, ne se révoltèrent pas, et un grand nombre d'entre eux mourut dans les camps nazis. En outre, toute tentative de rébellion provoquait de terribles représailles, d'autres juifs auraient payé la témérité de leurs frères.

Il y eut, cependant, de nombreux actes de résistance juive, le plus célèbre étant le soulèvement du ghetto* de Varsovie. Un jeune homme de 24 ans, Mordehai Anielewicz, organisa la révolte. Il avait appris que les Allemands avaient prévu la déportation de la totalité des juifs du ghetto pour la première nuit de la Pâque. C'était la stratégie habituelle des nazis de faire des fêtes juives les plus heureuses, des jours de deuil. Les combats furent acharnés et durèrent plus d'un mois, plus longtemps que la résistance de l'armée régulière polonaise à l'invasion allemande. Le 16 mai 1943, la puissante Wehrmacht eut enfin raison d'une poignée de résistants juifs, affamés, armés de quelques fusils pris à l'ennemi. La résistance polonaise, prévenue, n'était pas venue à l'aide des insurgés du ghetto. Ce fut une défaite, mais une défaite glorieuse. La nouvelle s'est répandue à travers le monde, et a montré que les juifs ont résisté.

On rapporte, qu'à Londres, dans les premiers jours de son exil à Londres, de Gaulle aurait déclaré : « Je ne suis entouré que par des Bretons et des Israélites. » René Samuel Cassin (1887-1976) fut le premier civil à rejoindre de Gaulle, dont il devint un des proches conseillers. Il participa à la création de l'Unesco et sera un des principaux rédacteurs de la Déclaration Universelle des Droits de l'Homme, puis président de l'Alliance Israélite Universelle. En 1968, il reçut le prix Nobel de la paix. Ses cendres ont été transférées au Panthéon en 1987.

Dans le Sud-Ouest de la France, il y eut une véritable résistance juive. L'Armée juive (l'AJ ou Armand Jules, dans la clandestinité) dans laquelle combattirent les jeunes Éclaireurs Israélites de France, joua un rôle important dans la libération ; elle eut ses héros et ses martyrs. La fameuse Affiche rouge qui jetait à la vindicte publique vingt-trois « terroristes de la MOI (Main d'Œuvre Immigrée) » comptait onze juifs étrangers ; tous furent fusillés. De même, une unité juive des Forces Françaises Libres participa activement aux combats de Bir Hakeim.

La double et contradictoire idée reçue de la supposée supériorité des juifs et de leur manque de combativité est à considérer avec circonspection, au cas par cas. Certes, les juifs peuvent parfois se sentir fiers d'être les héritiers du peuple élu ; mais l'Histoire est là pour leur rappeler que l'élection ne leur a, en définitive, apporté que des malheurs. S'il est vrai qu'ils ne résistèrent pas tous à leurs bourreaux, nombre d'entre eux prirent les armes et se comportèrent en vrais combattants.

Depuis la création de l'État d'Israël en 1948, l'idée reçue du manque de combativité des juifs s'est complètement inversée. Les jeunes générations d'Israéliens ont longtemps reproché à leurs parents de s'être laissés « mener comme des moutons à l'abattoir ». Au point que David Ben Gourion, premier chef du premier gouvernement du jeune État fut amené à déclarer : « Nous, les juifs, avons été accusés de bien des crimes. Pourtant, le crime le plus impardonnable de notre histoire fut le crime de faiblesse. Soyez assurés que plus jamais nous ne serons coupables de ce crime-là ! »

« L'antisémitisme n'existe que parce que les juifs ne s'intègrent jamais complètement. »

Une jeune femme me dit : « J'ai eu des démêlés insupportables avec des fourreurs, ils m'ont volée, ils ont brûlé la fourrure que je leur avais confiée. Eh bien, ils étaient tous juifs. » Mais pourquoi a-t-elle choisi de haïr les juifs plutôt que les fourreurs ? Pourquoi les juifs ou les fourreurs plutôt que tel juif, tel fourreur en particulier ?

Jean-Paul Sartre, *Réflexions sur la question juive*, 1946

Le terme « antisémitisme » est relativement récent. En 1879, un pamphlétaire de Hambourg, Wilhelm Marr, emploie pour la première fois « antisémitisme » pour désigner la haine des juifs, dans un libelle intitulé *La Victoire du judaïsme sur le germanisme*. Le mot est scientifiquement inexact. Les antisémites devraient être ceux qui sont « contre les Sémites ». Or, les Sémites sont les descendants de Sem, le fils aîné de Noé. Sem est l'ancêtre d'Abraham, le père de tous les monothéistes, hébreux*, chrétiens et musulmans. Et pourtant, depuis plus d'un siècle, l'antisémite se définit par celui qui hait les juifs, et eux seulement.

Dans son essai *Réflexions sur la question juive*, Jean-Paul Sartre remarque que « contrairement à une opinion répandue, ce n'est pas le caractère juif qui provoque l'antisémitisme, mais, au contraire, c'est l'antisémitisme qui crée le juif. » Autrement dit, tant que les juifs ne s'assimileront pas complètement, il y aura des antisémites. L'antisémitisme n'existe que parce que les juifs refusent de se fondre dans la masse majoritaire du pays où ils se trouvent.

L'assimilation, voici donc la solution. Sartre reconnaît que l'assimilation « est un rêve ». D'abord parce que le juif lui-même n'est pas prêt à abandonner totalement ses racines, même laïc, athée ou agnostique. Ensuite, parce que l'antisémite ne renonce pas facilement à ce qui fait sa raison de vivre, débusquer, dénoncer et chasser le juif. Même lorsque le juif veut oublier, effacer, nier son origine, la religion et la tradition transmises par ses parents, voire son nom, l'antisémite sera là pour tout lui rappeler.

L'histoire des Marranes illustre bien notre propos. *Marrano* en espagnol et *marao* en portugais signifient cochon, injure suprême pour désigner les juifs convertis au christianisme (*conversos*) quand on connaît l'aversion des juifs pour le porc. En 1391, les persécutions populaires firent près de 50 000 victimes. Pour échapper aux exactions antijuives (on ne disait pas « antisémite » à cette époque), quelque 100 000 juifs se soumirent au baptême et devinrent, contraints et forcés, chrétiens. Parmi ces *conversos*, un certain nombre accéda à des situations éminentes dans la noblesse, le gouvernement, et même dans l'Église. Ce qui attisa la haine et le ressentiment des « vieux chrétiens ». En outre, les Marranes furent accusés d'être restés fidèles, en secret, à la religion juive. En 1480, l'Inquisition les obligea à se soumettre à de terribles et méticuleuses enquêtes destinées à débusquer les Marranes « judaïsés ». Beaucoup allèrent au bûcher après avoir été torturés pour les faire avouer leur supposée fidélité aux rites de leurs ancêtres. Puis vinrent les décrets d'expulsion de 1492. Beaucoup de juifs partirent vers l'exil, d'autres demeurèrent en Espagne et au Portugal. Ceux qui avaient choisi de rester avaient apparemment tout oublié de leur judaïsme, ils étaient devenus bons chrétiens. Mais certains continuèrent, pendant des siècles, à pratiquer en grand secret, une religion « marrane » respectueuse des rites juifs fondamentaux. On a encore récemment mis au jour en Espagne quelques maisons de prière secrètes.

Le statut des juifs promulgué par l'État français, a fait réfléchir les historiens à propos de l'intégration des juifs dans la France de 1940. Il a fallu trois lois (les 3 et 18 octobre 1940 et le 2 juin 1941), plus une multitude de décrets d'application, pour répondre à la question : « Qui est juif ? » Pour Vichy, « est regardé comme juif, celui ou celle : appartenant ou non à une confession quelconque, qui est issu d'au moins trois grands-parents de race juive ou de deux, seulement si son conjoint est lui-même issu de deux grands-parents de race juive ; celui ou celle qui appartient à la religion juive, qui y appartenait le 25 juin 1940 et qui est issu de deux grands-parents de race juive. » Sont interdits aux juifs de France : la fonction publique ; les professions libérales, commerciales, industrielles et artisanales ; la presse et tout le secteur tertiaire. Ainsi, les juifs ne peuvent plus exercer les fonctions et professions essentielles à la bonne marche du pays, de chef de l'État jusqu'à… marchands des quatre saisons ! Ils ne peuvent aller faire leurs courses chez les commerçants que durant un temps limité, et à des heures où les étals sont vides. À Paris, ils doivent voyager exclusivement dans le dernier wagon du métro. Les petits juifs se voient interdire de jouer dans les squares publics.

Comme on l'aura remarqué, la conversion à une autre religion n'exonérait pas les juifs de l'application de ces lois antisémites. Max Jacob, né à Quimper en 1876, s'était converti au catholicisme bien avant la guerre, par conviction et non par opportunisme. Il fut arrêté à Saint-Benoît-sur-Loire où il avait fait retraite, envoyé à Drancy, où il mourut, faute de soins, le 5 mars 1944.

À compter du 7 juin 1942, « Il est interdit aux juifs de paraître en public sans porter l'étoile jaune, une étoile à six pointes ayant les dimensions de la paume d'une main et les contours noirs. Elle est en tissu jaune et porte, en caractères noirs, l'inscription "juif". Elle devra être portée bien visiblement sur le côté gauche de la poitrine, solidement cousue sur le vêtement. »

Un avant-projet de loi daté du 29 janvier 1943 proposait d'obliger les juifs « à avoir des prénoms hébraïques, à l'exclusion de tout autre ». On leur aurait laissé le choix de trois prénoms probablement issus de la Bible*. La liste restait à établir, le temps a manqué à ce fonctionnaire zélé. Le plus délirant, c'est que ces prénoms « ne pourront dorénavant plus être donnés à des enfants non-juifs ». Ce projet est resté dans les cartons du Commissariat général aux Questions juives.

En Espagne et au Portugal, aux XIVe et XVe siècles, en France en 1940-1945, dans des lieux et à des époques éloignés, des juifs ont eu la volonté sincère de s'assimiler. Un grand nombre d'entre eux y réussit, ils étaient devenus de « bons Espagnols », Portugais et Français. C'est l'État à son plus haut niveau – les Rois Catholiques et le Maréchal – qui prit les décisions coercitives qui allaient aboutir à l'exil, au bûcher ou à la déportation de masse. Encore faut-il noter que les Espagnols et les Portugais donnèrent à leurs communautés juives la possibilité de rester par la conversion forcée. Ceux des juifs de France qui eurent la vie sauve, ne durent leur salut qu'à une poignée de « mauvais Français » qui eurent le courage de désobéir aux lois de l'occupant, relayées – et parfois précédées – par Vichy.

Tout juif a eu, dans son entourage, un ami *goy** qui lui tint à peu près ce langage : « Vous les juifs, cessez donc de vous comporter comme des juifs, et il n'y aura plus d'antisémitisme. » Se comporter comme des juifs ? Le comportement en question peut être d'ordre religieux. Le port de la *kippa* – la calotte que les juifs orthodoxes portent en permanence sur la tête – a été, naguère, remis en question dans les écoles laïques. Comme le foulard islamique pour les jeunes musulmanes, la *kippa* est considérée comme un signe religieux ostentatoire. La lévite et le chapeau noirs, les longues papillotes, la barbe non taillée, c'est ainsi que la presse et la télévision, souvent caricaturales, représentent les juifs à travers le monde. Alors que seule la minorité ultra orthodoxe se distingue de cette façon. La très grande majorité des juifs ne se différencient pas, par son aspect extérieur, des populations parmi lesquelles ils vivent. La plupart des rabbins* sont vêtus « comme tout le monde » ; leur tête est couverte et leur barbe – pour ceux qui en arborent une – taillée. Certains juifs respectent scrupuleusement la *cacherout* (l'ensemble des règles alimentaires), le repos du sabbat et le calendrier des fêtes juives. D'autres, surtout concernés par la tradition, prennent quelques libertés avec le rituel. D'autres encore, ignorent tout ce qui se rapporte à la pratique religieuse. Mais tous sont juifs, et entendent rester fidèles, dans la plupart des cas, à leurs racines.

En France, l'antisémitisme est aujourd'hui un délit passible d'emprisonnement et d'amende. Une première loi, dite loi Pleven, datée du 1er juillet 1972,

« sanctionne la provocation à la haine ou à la discrimination, la diffamation et l'injure raciale. » Le 13 juillet 1990, cette loi est renforcée par une loi « tendant à réprimer tout acte raciste, antisémite ou xénophobe ». Ce qu'on désigne communément par « loi Gayssot », c'est l'article 24 bis de cette loi, qui se rapporte à « la contestation des crimes contre l'humanité ». On peut noter que le législateur de 1990 a distingué le raciste, l'antisémite et le xénophobe. Le premier hait celui qui n'est pas physiquement comme lui ; le deuxième hait le juif, et le troisième, l'étranger. Et souvent, les trois se retrouvent dans le même individu.

Si le xénophobe n'aime pas l'étranger, l'antisémite, lui, a un problème : il ne sait pas avec précision qui il doit haïr ; il ne sait pas qui est juif, sauf si le juif le lui fait savoir.

> « Les Polonais n'en ont jamais voulu aux juifs "parce qu'ils sont juifs" ; mais parce qu'ils sont sales, avides, âpres au gain, parce qu'ils portent des papillotes, parlent un jargon et ne veulent pas s'assimiler ; et aussi parce qu'ils s'assimilent facilement, cessent de parler leur jargon, sont proprement vêtus et veulent qu'on les considère comme des Polonais. Parce qu'ils sont superstitieux, rétrogrades et ignorants ; et aussi parce qu'ils sont diablement capables, progressistes et ambitieux. Parce qu'ils ont de grands nez crochus, et aussi parce qu'il est parfois impossible de les distinguer des purs Polonais. Parce qu'ils ont crucifié le Christ et pratiquent des meurtres rituels et sont toujours plongés dans le Talmud ; et aussi parce qu'ils sont athées et qu'ils rejettent leur propre religion... Parce qu'ils sont banquiers et capitalistes ; et parce qu'ils sont des communistes et des agitateurs. *Mais, en aucun cas, parce qu'ils sont juifs.* »
>
> Konstantyn JELENSKI, poète et critique littéraire polonais, dans le journal parisien *Kultura*, mai 1968.

La manifestation de l'antisémitisme tombant sous le coup de la loi, les nostalgiques se sont déclarés « antisionistes ». Se déterminer contre le sionisme* avant 1948, c'était rejeter la doctrine du droit au retour en Israël* ; après 1948, c'est être opposé à l'existence de l'État hébreu. Il y eut, dans le passé, des juifs antisionistes. Le Bund*, mouvement ouvrier juif, fondé en Lituanie en 1897, était opposé à l'idée sioniste de Herzl ; il appelait de ses vœux le droit de vivre en *Diaspora**, comme une minorité culturelle dont la langue aurait été le yiddish. Aujourd'hui, une petite minorité de juifs ultra orthodoxes est antisioniste, dans ce sens qu'Israël ne saurait exister que par la venue du Messie sur terre. L'antisionisme, tel que nous l'avons défini, devrait se limiter à son contenu politique. Tel n'est pas toujours le cas. La solidarité supposée de l'ensemble du monde juif avec la politique israélienne, quelle que soit sa couleur politique, fait que l'antisioniste sans discernement exprime, en définitive, son rejet de tous les juifs.

Les juifs peuvent parfaitement vivre sans les antisémites. Mais il n'est pas sûr que le contraire se vérifie. Y a-t-il des antisémites sans juifs ? À travers le monde, nombre de juifs se sont assimilés avec succès ; d'autres ont tenté mais les circonstances ont fait que leur assimilation a été plus ou moins rejetée ; mais beaucoup se sont simplement intégrés, en conservant les caractéristiques de leur judéité.

« Les juifs sont le bouc émissaire universel. »

Aaron appuiera ses deux mains sur la tête du bouc vivant ; confessera, dans cette posture, toutes les iniquités des enfants d'Israël, toutes leurs offenses et tous leurs péchés, et, les ayant ainsi fait passer sur la tête du bouc, l'enverra dans le désert.

Lévitique, XVI,21

Durant l'office de *Yom Kippour*, le Grand Prêtre désignait par tirage au sort deux boucs ; l'un pour le sacrifice ; et l'autre pour être envoyé à Azazel, une falaise rocailleuse, d'où il était jeté pour mourir dans le désert. Ce bouc était censé « porter avec lui tous les péchés d'Israël* ». D'où l'expression « bouc émissaire » évoquant la personne, ou le groupe, accusé de tous les maux, dans le but d'épargner ses semblables. Dans le langage populaire, le bouc émissaire est une victime innocente, celui ou celle « qui paie pour les autres ».

Si tous les boucs émissaires, à travers l'Histoire, n'ont pas tous été des juifs, nombre d'entre eux le furent. Nous avons vu que le peuple juif dans son ensemble a été accusé du meurtre de Jésus. Nous avons également évoqué le fait que les juifs ont été rendus responsables de la grande Peste de 1350. Une idée reçue qui tourna au fantasme fut l'accusation de crime rituel, au nom de laquelle furent organisés de terribles *pogroms* qui firent des milliers de victimes en Europe. Si on en croyait la rumeur, les juifs devaient pétrir le pain azyme de la Pâque (la *matza*) avec du sang chrétien. À chaque fois qu'un enfant disparaissait ou s'était simplement égaré, les juifs en étaient rendus responsables. Les juifs eurent beau dire et répéter que le sang est, d'après leur loi, à proscrire absolument de leur alimentation, la croyance, entretenue par les notables, était tellement forte que rien n'arrêta les exactions. On lit pourtant dans le Lévitique des recommandations comme celle-ci : « Vous ne mangerez, dans toutes vos demeures, aucune espèce de sang, soit d'oiseau, soit de quadrupède. Toute personne qui aura mangé d'un sang quelconque, cette personne sera retranchée de son peuple. » (Lévitique, VII,26-27)

En 1840, un moine français disparut de son couvent près de Damas. Le consul de France en poste affirma à la police locale que les juifs avaient sans doute tué frère Thomas au cours d'une cérémonie rituelle. Plusieurs juifs furent arrêtés et, sous la torture, l'un d'entre eux avoua. Les autorités syriennes allèrent jusqu'à se saisir d'une soixantaine d'enfants juifs pour contraindre leurs parents à dévoiler le lieu où avait été caché le sang du moine assassiné. Le gouverneur de la Syrie se préparait à juger les malheureux prisonniers. C'est alors que des personnalités du monde entier réagirent. Sir Moses Montefiore (1784-1885), le philanthrope britannique, accompagné d'Adolphe Crémieux – que nous avons déjà évoqué – alla plaider la cause des juifs de Damas auprès du gouverneur. Le président des États-Unis, Martin Van Buren (1782-1862) se joignit à la protestation. Pour la première fois de l'Histoire, la pression internationale empêcha une scandaleuse erreur judiciaire. Les prisonniers juifs furent libérés après plusieurs mois d'incarcération. Deux d'entre eux étaient morts, suite aux mauvais traitements ; et sept restèrent handicapés à vie. L'« affaire de Damas » fut à l'origine de la création, en 1860, de l'Alliance Israélite

Universelle, dont le but essentiel est de défendre les droits des juifs persécutés partout dans le monde.

Quelques dizaines d'années plus tard, l'Affaire Dreyfus divisa profondément la France de 1894 à 1906. Les « dreyfusards » regroupèrent les Français persuadés de l'innocence du capitaine ; et les « anti-dreyfusards », ceux qui croyaient en sa culpabilité, parmi lesquels tous les antisémites, pour qui Dreyfus était coupable parce que juif. De nos jours, on parle « d'une nouvelle Affaire Dreyfus » à chaque fois que quelqu'un est soupçonné, non pas pour ce qu'il a fait, mais pour ce qu'il est.

> La scène se passe dans un *shtetl** de Pologne. Un jeune homme à marier va voir le *shadh'en* – le marieur du village ;
>
> - Je voudrais me marier, mais la jeune fille doit être belle, riche, et surtout innocente !
>
> - J'ai ce qu'il vous faut. C'est une demoiselle dont le père est riche comme Crésus ; elle est belle comme Vénus ; et innocente, elle est comme Dreyfus !

Beaucoup moins connue en France, l'affaire Leo Frank est considérée par les Américains comme leur Affaire Dreyfus. En 1913, Leo Frank, un notable juif d'Atlanta, en Géorgie, fut accusé du meurtre d'une jeune fille de 14 ans, employée de son usine de crayons. Bien que les preuves fussent inexistantes, l'accusation s'acharna contre Frank. Son arrestation provoqua une flambée d'antisémitisme à Atlanta. Pendant le procès, on entendit la foule scander : « À mort, les juifs, pendez les juifs ! ». Malgré l'évidence de l'erreur judiciaire, la Cour suprême refusa d'intervenir. La décision d'exécuter Frank, condamné à mort, fut laissée au juge Slaton. Celui-ci eut le courage de commuer la peine en prison à vie. Il mit fin ainsi à sa carrière politique. Quelques mois plus tard, une foule déchaînée dans laquelle on trouvait deux juges retraités, un ancien shérif et un ecclésiastique, arracha Frank à sa prison et le pendit à un arbre. En 1982, soixante-neuf ans après ce mauvais western, un ancien employé avoua qu'il avait vu un de ses collègues, témoin à charge numéro un au procès, traînant le corps de la jeune fille sans vie, dans les sous-sols de l'usine. Frank fut réhabilité en 1986. Cette affaire eut pour conséquence le renforcement de deux organisations diamétralement opposées : l'*Anti Defamation League* (Ligue américaine contre le racisme) et le... *Ku Klux Klan* !

En mai 1969, naît et se répand à Orléans la rumeur étrange selon laquelle un, puis deux, puis six magasins de vêtements féminins du centre de la ville organisent la traite des blanches. Les jeunes filles sont droguées par piqûre dans les salons d'essayage, déposées dans des souterrains qui communiquent entre eux, et qui débouchent tous sur la Loire. Les femmes sont ensuite embarquées sur des bateaux, direction Buenos Aires, Caracas et autres lieux de prostitution exotique. Tous les magasins soupçonnés sont tenus par des commerçants juifs. Aucune disparition n'est signalée, aucune plainte n'est déposée. Rien n'y fait. Pendant un mois, la rumeur enfle, ce n'est plus trois, mais vingt-six femmes qui auraient disparu ! Et si la Police n'enregistre pas les disparitions, c'est que les autorités ont été achetées par les juifs. L'affaire se dégonfle lentement, mais le mal est fait. Les commerçants juifs ferment leur boutique. À Edgar Morin qui dirige patiemment une enquête sur « la rumeur d'Orléans », une jeune fille donnera le fin mot de cette lamentable histoire : « Ici, on s'ennuie ferme, alors on se fait son petit ciné ! »

Le bouc émissaire existe depuis les temps bibliques. Il a été souvent, mais pas uniquement, juif. Et comme toujours, les juifs s'en tirent par une pirouette. Tout le monde sait que le désastre du Titanic, c'est la « faute aux juifs » : et le dénommé Iceberg, alors, il n'y est pour rien ?

Les Protocoles des Sages de Sion

Le 26 août 1903, la revue *Znamia* (le drapeau) éditée à Saint-Pétersbourg, publie un document sensationnel *Les Protocoles des sages de Sion.* Cette publication est dirigée par Kroutchevan, antisémite notoire, qui peu de temps auparavant avait organisé le *pogrom* de Kichinev, en Bessarabie. On ne sait pas qui en est l'auteur, on ne sait d'où il provient. On apprend seulement que le document a été rédigé en France et que le traducteur l'a dénommé « Procès-verbal de l'Union mondiale des Francs-Maçons et Sages de Sion ». En 1905, les *Protocoles* sont inclus dans un ouvrage mystique de Serguei Alexandrovitch Nilus, qui le fait remettre au tsar et à son entourage. L'Église orthodoxe diffuse le livre dans les églises de Moscou. C'est la version de Nilus qui connaît, par la suite, un succès planétaire.

Les « Protocoles » révèlent qu'un complot juif vise à la domination du monde. Les vingt-quatre « conférences » exposent les moyens de régner sur le monde et de réduire les non-juifs à l'état d'esclaves. « Trois cents sionistes, chacun d'eux connaissant tous les autres, tiennent en main la destinée du monde, et élisent leurs successeurs dans leur entourage. » Le *Times* de Londres écrit le 8 mai 1921 : « N'aurions-nous échappé, au prix d'énormes efforts à la *pax germanica* que pour succomber à la *pax judaica* ? Si les protocoles ont été écrits par les Sages de Sion, alors tout ce qui a été entrepris et fait contre les juifs est justifié, nécessaire et urgent. » Mais, dès le 18 août de la même année,

.../...

le *Times* fait son mea culpa. Le prestigieux journal britannique révèle que le document est un grossier plagiat d'un pamphlet français dirigé contre… Napoléon III. Les historiens qui ont recherché l'auteur des *Protocoles* sont unanimes pour les attribuer à l'Okhrana, la police secrète du tsar. Mais la démonstration scientifique ne suffira pas à discréditer le célèbre faux. Des centaines d'édition et des millions de copies en font l'ouvrage le plus diffusé au monde après… la Bible*. Aux États-Unis, c'est Henry Ford, le fondateur du géant de l'automobile, qui fait publier et diffuse les Protocoles sur une grande échelle. Les nazis baseront leur idéologie sur le document et justifieront ainsi leur politique de destruction des juifs, auxquels sont associés les Francs-Maçons. Aujourd'hui, les *Protocoles* continuent de circuler. Sur Internet, par exemple, certains sites affirment que « si les sionistes mettent tant d'ardeur à prouver que les « Protocoles » sont un faux, depuis tant d'années, c'est qu'il y a certainement quelque chose de vrai dedans. »

CARACTÈRE ET TRADITION

« Les juifs sont le peuple du Livre. »

Ce livre de la Doctrine ne doit pas quitter ta bouche,
Tu le méditeras jour et nuit,
afin d'en observer avec soin tout le contenu ;
Car alors seulement tu prospéreras dans tes voies,
Car alors seulement tu seras heureux.

Josué, I,8

Les juifs sont le peuple *du* Livre. Notez bien le singulier. C'est que le Livre – avec une majuscule – c'est la Bible*, du grec, *biblion*, signifiant… « livre ». Les juifs et les chrétiens emploient le terme « Bible », pour désigner leur Livre sacré, mais il n'a pas la même signification ni le même contenu pour les uns et pour les autres.

La Bible juive comprend trois grandes subdivisions : le Pentateuque ou *Torah* ; les Prophètes ou *Neviim* ; les Hagiographes ou *Ketouvim*. En hébreu*, l'ensemble est appelé *Tanakh*, acronyme de *Torah, Neviim* et *Ketouvim*.

La *Torah* est formée de cinq livres : la Genèse, l'Exode, le Lévitique, les Nombres et le Deutéronome. Chaque samedi matin, une section (*Paracha*) de la *Torah* est lue à la synagogue*. La *Torah* ne se présente pas comme un livre relié composé d'une couverture et de pages ; c'est un long parchemin enroulé sur deux bâtons ; la lecture se fait en déroulant le parchemin du manche gauche vers le droit. Il s'agit de l'écrit le plus sacré de la liturgie juive. La Torah commence par la Création du monde et se termine par la mort de Moïse, avant l'entrée des Hébreux en terre promise.

La Bible des chrétiens est composée de l'Ancien et du Nouveau Testament, terminologie qui n'est jamais utilisée par les juifs. L'Ancien Testament correspondrait, selon l'idée reçue, à la Bible juive, puisque le Nouveau Testament est le fondement même du christianisme. Ce n'est pas si simple. L'Ancien Testament est issu de la « Septante », traduction grecque de la Bible hébraïque à laquelle ont participé soixante-dix traducteurs. Sept livres – dits « livres apocryphes » – ont été ajoutés au canon hébraïque : Tobie, Judith, les deux livres des Macchabées, le livre de la Sagesse, Siracide et Baruch.

Le texte même des livres communs à la Bible juive et à l'Ancien Testament diffère sensiblement. Les chrétiens donnent le nom de Yahvé ou de Jéhovah à Dieu. Pour les juifs, le nom de Dieu est imprononçable. Le « tétragramme » YHVH, d'où sont tirés les noms chrétiens, s'écrit, mais ne se prononce jamais. En français, les juifs observants écrivent D. ; d'autres noms sont invoqués, selon les circonstances : l'Éternel, le Tout-Puissant, Maître de l'Univers, le Saint béni soit-Il. Et il semble bien que l'expression « nom de Dieu ! » considérée comme un blasphème ait bien son origine dans cette interdiction de la Loi juive.

À côté de la loi écrite de la Torah, s'est développée la loi orale, transmise par les maîtres à leurs disciples. La richesse et la complexité des commentaires de la loi écrite étaient telles qu'il devint nécessaire de mettre par écrit cette loi orale. Le Talmud* (étude, en hébreu) a rassemblé, pendant neuf siècles, ces interprétations des écrits de la Torah.

Le Talmud interprète, discute, commente la Bible. Il est, en quelque sorte, le code de procédure de la Loi juive. Il est composé de la *Mishna* consacrée essentiellement à l'exposé détaillé des textes juridiques de la *Halakha*, la Loi ; et de la *Guémara*, qui expose les discussions, les polémiques destinées à expliciter tel ou tel point de la Loi. Historiquement, la Mishna a précédé la Guémara. Il y eut deux versions du Talmud, l'une conçue à Jérusalem ; et l'autre à Babylone, après l'exil qui suivit la destruction du Premier Temple (586 avant J.-C.). C'est ce dernier, le Talmud de Babylone, qui fait encore autorité de nos jours.

Salomon Ben Isaac, plus connu sous le nom de Rachi (1040-1105), l'éminent rabbin* de Troyes, consacra sa vie à commenter le Talmud, lui-même commentaire de la Bible. Sans lui, on peut supposer que le Talmud serait resté inaccessible ; aujourd'hui encore, les académies rabbiniques du monde entier étudient le Talmud dans la version éclairée par Rachi. Tout en cultivant la vigne en Champagne, il devint un des maîtres de son époque. Ses écrits demeurent une précieuse source pour qui s'intéresse au français médiéval ; on trouve, en effet, dans ses écrits, cinq mille mots de vieux français translitérés en hébreu. Selon Rachi, celui qui étudie les lois et ne comprend pas leur sens, ou ne peut pas expliquer leurs contradictions, n'est qu'un panier plein de livres.

Moïse Maïmonide (1135-1204), connu sous l'acronyme de RamBam, né à Cordoue et mort au Caire, homme de loi, astronome, médecin, philosophe, est l'auteur de deux ouvrages qui ont profondément marqué son époque, et qui continuent d'être considérés comme les livres fondamentaux du judaïsme, en plus de la Bible et du Talmud. Il s'agit de *Michneh Torah* (la deuxième Torah) et du *Guide des Égarés*, tous deux rédigés en arabe. Il fut le médecin attitré à la cour du vizir de Saladin, sultan d'Égypte. Comme le dit une vieille expression populaire : « De Moïse (celui de la Torah), à Moïse (Maïmonide) il n'y eut jamais personne comme Moïse. »

> Le Zohar, le « Livre de la splendeur », est l'ouvrage majeur de la mystique juive, le texte fondamental de la Kabbale*. Moïse Ben Chem Tov de Leon (1240-1305) est généralement considéré comme son auteur. Pendant plusieurs siècles, le Zohar fut inclus dans le canon de la liturgie juive, après la Bible et le Talmud. Deux cents ans après sa parution, le Zohar fut traduit en latin par Pic de la Mirandole (1463-1494).

Dès l'origine, le judaïsme a accordé une importance capitale à l'étude de la Torah. Selon les directives des Sages, « 5 ans est l'âge de l'étude de la Bible, 10, celui de la Mishna, 15, celui de la Guémara. » C'est la raison pour laquelle, dans les villages les plus reculés, à des époques où l'alphabétisation était réservée aux riches et aux nobles, tous les petits juifs savaient lire et écrire. Jusqu'au XXe siècle, l'éducation était réservée aux garçons. Les filles pouvaient étudier la Bible, mais uniquement les lois les concernant ; elles étaient exclues de l'étude du Talmud.

À côté des livres à caractère religieux, s'est développée, à travers le temps et l'espace, partout où il y a une présence juive, une gigantesque littérature profane. Tous les genres littéraires sont représentés : la poésie, le roman, les nouvelles, les essais, le théâtre. Tous les sujets sont abordés : l'histoire, la fiction, l'amour, la science, la politique. La presse juive d'aujourd'hui est particulièrement vigoureuse. Avant la Seconde Guerre mondiale et la Shoah, il existait, à

Paris, Londres, Varsovie, et New York de nombreux journaux édités en yiddish. Neuf prix Nobel ont couronné des grands littérateurs d'origine juive, pour des œuvres écrites en français, hébreu, anglais, yiddish, allemand, russe : Paul Heyse, en 1910 ; Henri Bergson, en 1927 ; Nelly Sachs et Samuel Agnon, en 1966 ; Saül Bellow, en 1976 ; Isaac Bashévis Singer, en 1978 ; Elias Canetti, en 1981 ; Joseph Brodsky, en 1987 ; Nadine Gordimer, en 1991.

Tout ce qui est écrit tient une place prépondérante dans la vie juive. Selon la Loi, les livres saints endommagés ne doivent pas être détruits, ils doivent être traités avec respect, c'est-à-dire ensevelis, comme on le fait pour la personne humaine. À cet effet, de nombreuses synagogues mettaient à la disposition des fidèles un local réservé à l'entreposage des livres endommagés, la *guéniza*. La plus célèbre est aujourd'hui celle du Caire, le grenier de la synagogue de Fostat (banlieue du Caire) la ville même où exerçait le grand Maïmonide. Les fragments de manuscrits qui y ont été découverts sont d'une très grande importance historique. Dans son superbe roman, *Yoshé le Fou*, Joshua Singer raconte comment son héros, à qui la communauté a confié les tâches les plus modestes, ramasse tous les soirs les pages tombées des livres de prière sur le parquet de la synagogue ; puis, il porte les précieux feuillets dans les combles, où il les entrepose avec grand soin.

La bibliothèque de l'Alliance israélite universelle de Paris est aujourd'hui la plus importante d'Europe. Créée en 1860, bien qu'amputée d'une partie de son fonds par les nazis pendant l'Occupation, elle est riche de plus de cent mille ouvrages imprimés et de quatre mille fragments de la *guéniza* du Caire. Une autre bibliothèque juive de Paris, parmi les plus importantes, est celle du *Medem* où sont conservés des milliers d'ouvrages écrits en yiddish. À côté des œuvres des grands auteurs yiddish, on y trouve des traductions dans cette langue des grands de la littérature mondiale, tels que Dostoïevski, Maupassant, Zola, et bien d'autres.

Les ennemis des juifs ne s'y sont pas trompés. Des inquisiteurs jusqu'aux nazis, ils ont commencé leurs persécutions en brûlant les livres des juifs, sachant bien que c'était les atteindre au plus profond d'eux-mêmes. On appelait cela – cruelle ironie – des « autodafés », actes de foi en latin. Voilà sans doute pourquoi un des enseignements transmis depuis des générations, par les parents juifs à leurs enfants, est qu'il y a deux choses que l'on ne doit pas jeter : le pain, même rassis ; et le livre, même lu et relu, même en lambeaux.

« Les juifs sont polyglottes. »

Comme le roc vole en éclats sous les coups d'un marteau, ainsi chaque parole que l'Éternel a prononcée se fractionna en soixante-dix langages.

Talmud de Babylone, Chabbat 133

À l'origine, dit la Genèse, « toute la terre avait une même langue et des paroles semblables. Les hommes bâtirent une tour dont le sommet atteignait le ciel. Le Seigneur descendit sur la terre et dit : "Voici un peuple uni, tous ayant une même langue... Or ça, paraissons ! et ici même confondons leur langage, de sorte que l'un n'entende pas le langage de l'autre." Les hommes cessèrent de se comprendre et se dispersèrent sur la terre, ayant renoncé à bâtir la ville. C'est pourquoi on la nomma Babel, parce que là le Seigneur confondit le langage de tous les hommes. » Le nom de Babel semble venir de *balaï*, « confusion » en hébreu*.

L'hébreu, langue de la Bible*, ne se serait maintenu que chez les descendants d'Heber, petit-fils de Noé et ancêtre de tous les Hébreux. Au cours des siècles, l'hébreu cessa progressivement d'être un idiome parlé, pour devenir la langue écrite de la prière et de l'étude. Il faudra attendre le XVIIIe siècle pour que la *Haskala**, le mouvement des Lumières dirigé par Moïse Mendelssohn (1729-1786), entreprenne de faire de l'hébreu une langue moderne. Si la *Haskala* fit évoluer l'hébreu écrit, sa tentative d'en faire une langue parlée échoua. C'est à Eliezer Ben Yehouda (1858-1922) que l'on doit l'hébreu moderne. Né en

Lituanie, il commence par faire des études rabbiniques, où il apprend l'hébreu dans une *yeshiva** (école talmudique). Le but qu'il poursuivra toute sa vie, c'est de faire évoluer la langue « du Livre » en une langue moderne qui permettra à tous les juifs de communiquer. Il débarque à Jaffa en 1881, après trois années à Paris. Et c'est à Paris qu'il construit les bases de son gigantesque *Thesaurus*, le *Dictionnaire complet de l'hébreu ancien et moderne*. Il doit faire face au scepticisme, voire à l'hostilité de la communauté juive. Les orthodoxes pensent que l'hébreu doit rester la langue sacrée de l'étude et de la prière ; ils vont même jusqu'à rosser le fils de ben Yehouda, coupable d'avoir appelé son chien... en hébreu ! Herzl lui-même n'y croit pas, lui qui suggère que l'allemand soit la langue d'Israël*. Les Ashkénazes* veulent imposer le yiddish. Ben Yehouda ne se décourage pas, et son opiniâtreté aura raison de tous les obstacles. Dès 1922, le gouvernement Britannique proclame l'hébreu comme la troisième langue officielle de Palestine, après l'anglais et l'arabe. C'est la prononciation séfarade* qui a été retenue officiellement, comme étant la plus proche de l'hébreu des origines. Véritable exploit culturel, la renaissance de l'hébreu est un phénomène unique dans l'histoire des nations. Seule langue morte ressuscitée, l'hébreu a participé efficacement à l'intégration de plusieurs millions d'immigrants venus du monde entier. L'étude de l'hébreu est une obligation pour tout nouvel arrivant en Israël. Comme l'a fait remarquer Ephraïm Kishon : « Israël est le seul pays où les mamans apprennent leur langue maternelle de la bouche de leurs enfants. »

Le yiddish était la langue parlée par les Ashkénazes. Contrairement à l'hébreu, le yiddish est une langue spontanée, jamais personne ne s'est trouvé dans l'obligation de l'étudier. Et pourtant, on estime à 11 millions le nombre de locuteurs, avant la Shoah. Le yiddish est né en Rhénanie, il y a plus de mille ans. Il est plus ancien que le français, l'anglais ou l'allemand modernes. Considéré longtemps comme un jargon, il est composé, selon les philologues, de deux tiers d'allemand du Moyen Âge, d'un petit tiers d'hébreu, de quelques réminiscences de vieux français, de vieil italien, et de multiples emprunts aux langages des pays d'accueil. Tout dépend, comme disait César à Marius, de la « grandeur des tiers ». Le yiddish est, selon Leo Rosten, le « "Robin des bois" linguistique ; il vole les riches pour donner aux pauvres. » Il fut la seule langue au monde parlée par tant de personnes, sans avoir aucun pouvoir gouvernemental, sans police ni armée. Il n'a que des pratiquants passionnés, des amants ardents et des protecteurs sentimentaux.

En Israël, le yiddish fut balayé sans ménagement par les autorités. Les Israéliens refusaient, pour la plupart, de le parler, même s'ils l'avaient pratiqué pendant des dizaines d'années. En effet, c'était, pour eux, la langue des ghettos*, des persécutions, de la « tête courbée », par opposition à l'hébreu, la langue de leur fierté. Au cours d'une rencontre télévisée, Menahem Begin, alors Premier ministre d'Israël, et Isaac Bashévis Singer, le grand écrivain yiddish, s'opposaient à propos de la langue des juifs. Singer soutenait que l'hébreu moderne était dépourvu de sentiment, d'ironie, d'humour. Et Begin rétorqua : « Isaac, comment ordonnerais-tu "garde-à-vous !" en yiddish ? » Pour la petite histoire, précisons que tous deux parlaient les deux langues à la perfection.

Avant la Seconde Guerre mondiale, le yiddish avait généré une littérature très prolifique, une presse abondante, un théâtre et un cinéma de grande qualité. Il y eut plusieurs tentatives destinées à établir le yiddish comme langue officielle des juifs. Le Bund*, un mouvement socialiste créé en Lituanie en 1897, avait pour objectif l'établissement de minorités autonomes juives en Europe orientale, où la langue officielle aurait été le yiddish. En 1928, Staline accorda un territoire aux juifs, le Birobidjan, un morceau de terre glacée, située à l'extrémité de la Sibérie. La langue de cette « région autonome des juifs » est le yiddish. Moins de 20 000 juifs s'y installeront, et ne représenteront jamais plus de 10 % de la population totale de la région. On continue, paraît-il, de parler le yiddish en Birobidjan.

Comme le disait Singer – toujours lui – le yiddish n'en finit pas de mourir, depuis une bonne cinquantaine d'années. Des instituts (Medem à Paris, et YIVO à New York) se consacrent avec acharnement à la sauvegarde du yiddish. À Paris, il est enseigné à l'université, et aussi dans le cadre de différentes organisations et amicales. Et, dernier paradoxe, il continue d'être la langue de communication des ultra-orthodoxes en Israël, même originaires des pays séfarades, pour qui l'hébreu ne doit servir qu'à la prière et à l'étude des textes sacrés.

La langue que parlaient les Séfarades (juifs d'Espagne) était le « judéo-espagnol », aussi désigné par *judesmo* ou par *ladino*, dans sa forme imprimée. Après leur expulsion, en 1492, les Séfarades s'établirent, pour la plupart, dans les territoires de l'Empire ottoman, où ils continuèrent d'utiliser le judesmo. Comme pour le yiddish, le judéo-espagnol « emprunta » un grand nombre de mots aux langues des pays d'accueil : turc, arabe, grec, français, anglais. La littérature judéo-espagnole compte un grand nombre d'œuvres, notamment des traductions des classiques hébreux. Depuis les cérémonies du cinq centième anniversaire de l'expulsion des juifs d'Espagne, en 1992, au cours desquelles le roi Juan Carlos demanda pardon aux descendants des juifs expulsés, les signes d'un certain renouveau du judéo-espagnol sont très encourageants. La langue est aujourd'hui enseignée dans les sections hispaniques des universités françaises. Et l'Institut séfarade européen de Bruxelles est très actif.

Sans être une langue juive, l'espéranto fut conçu par un juif. Louis-Lazare Zamenhof (1859-1917) est né à Bialystock, ville frontière où se côtoyaient Polonais, Allemands, Russes et juifs. Très tôt, il prend conscience que les barrières linguistiques sont un immense obstacle à la compréhension des peuples. Outre la médecine – il est ophtalmologue – il consacre tous ses efforts à la construction d'une langue universelle. Il maîtrise le russe, l'allemand, l'hébreu, le latin, le grec, l'anglais, le français… et le yiddish. À vingt ans, il rédige une grammaire du yiddish qui ne sera jamais publiée. Il avait aussi étudié le « volapük » (d'après *world speak*, langue mondiale), projet initié en 1880 par l'allemand Schleyer, puis abandonné. En 1887, il publie un *Manuel de langue internationale* sous le nom de « docteur Espéranto ». Cette langue est construite sur les bases simplifiées des principales langues romanes. D'éminentes personnalités, dont Léon Tolstoï, font part de leur enthousiasme. Les sociétés d'Espéranto se multiplient, pour atteindre le chiffre de trois cent en 1905. Cette année-là, Boulogne-sur-Mer accueille le premier congrès universel d'espéranto. D'autres suivront, à travers le monde. Tout est prêt pour accueillir plus de trois mille sept cents congressistes venant de cinquante pays, à Paris, le 2 août 1914. Le congrès n'aura pas lieu, la guerre éclate. Zamenhof n'en verra pas la fin, il meurt en 1917. Son projet de surmonter la malédiction de Babel en réunissant tous les hommes dans le même langage demeure une superbe utopie.

C'est leur dispersion qui explique la multiplicité des langues parlées par les juifs. Là où ils se sont intégrés, ils utilisent la langue du pays d'accueil. C'est, la plupart du temps, l'environnement qui rend nécessaire le multilinguisme. Les Suisses, les Belges, les Scandinaves parlent naturellement plusieurs langues. Les Israéliens parlent hébreu et anglais. Les juifs de la *Diaspora** ne sont pas tous polyglottes, tant s'en faut, même s'ils ont gardé en mémoire la nostalgie des langages parlés par leurs ancêtres.

« Les pratiques religieuses juives sont mystérieuses. »

Voici le pacte que vous observerez,
qui est entre Moi et vous (...)
Circoncire tout mâle d'entre vous (...)
À l'âge de huit jours, que tout mâle, dans
vos générations, soit circoncis par vous (...)

Dieu s'adressant à Abraham, Genèse,XVII

Pour qui n'est pas averti, les juifs peuvent sembler avoir des pratiques étranges qui entretiennent dans l'esprit populaire un certain mystère. Il ne s'agit, ni plus ni moins, que des préceptes de la Bible*.

La circoncision est pratiquée le huitième jour de la vie du petit garçon. Le rituel requiert l'ablation totale du prépuce, la mise à nu du gland, et la ponction d'une goutte de sang. Du point de vue religieux, la circoncision, *Brit Mila** en hébreu*, est le signe de l'alliance de Dieu avec le peuple d'Israël*. D'autres justifications ont été avancées : précaution hygiénique ou raison médicale (prévention du phimosis). La circoncision doit être faite par un *mohel* (circonciseur), un spécialiste qui peut être, ou non, un rabbin*. De nos jours, on fait souvent appel à un médecin. L'opération est accomplie au cours d'une cérémonie au rituel bien précis ; elle est suivie, dans la plupart des cas, d'une fête aussi joyeuse que la *bar-mitzva** (communion des garçons), ou le mariage. La circoncision n'est pas une exclusivité juive, puisque nombre de civilisations y ont recours (les musulmans entre autres).

La Bible rapporte que, quand Abraham reçut l'ordre de se faire circoncire, ainsi que « tous les mâles de sa maison », il était âgé de 99 ans, et Ismaël, son fils, 13 ans. Moïse, né et élevé en Égypte, n'était pas circoncis. À cette faute fut attribuée la maladie qui le mit en danger de mort. Alors, son épouse « Séphora saisit un caillou, retrancha l'excroissance de son fils, et la jeta à ses pieds en disant : « Est-ce donc par le sang que tu es uni à moi ? » Le Seigneur le laissa en repos. Elle dit alors : « Oui, tu m'es uni par le sang, grâce à la circoncision ! »

Plus près de nous, la circoncision devint un thème antisémite. Des dessins montraient des juifs portant d'énormes ciseaux, on se moquait de ceux qui « étaient baptisés au sécateur ». En 1940-1944, en Europe occupée, la traque des juifs en était facilitée. Il était parfois exigé des hommes qu'ils baissent leur pantalon, et s'ils étaient circoncis, ils devaient produire un certificat prouvant la raison médicale de la circoncision, pour éviter le pire.

Les lois alimentaires qui s'imposent aux juifs sont réputées pour être complexes ; et elles le sont bien plus encore. Ni la Bible, ni le Talmud*, ne donnent d'explications rationnelles aux règles de la *cacherout*, mot hébreu qui signifie « aptitude ». Les aliments *cacher* sont ceux « qui conviennent », donc ceux qui sont autorisés, ou plutôt ceux qui ne sont pas interdits. En général, les rabbins pensent que l'observance de la *cacherout* aide au développement de l'autodiscipline, à la maîtrise des appétits, aux premiers pas vers la sainteté. Les nombreuses interdictions concernent essentiellement la nourriture carnée. Jusqu'au Déluge, l'être humain était végétarien. Puis Noé fut autorisé à consommer de la chair de certains animaux, mais avec de multiples contraintes.

La première loi interdit de manger un membre d'un animal vivant et de consommer du sang. Les animaux dont la viande est autorisée sont tous des herbivores. Parmi ceux-ci, seuls ceux qui ruminent, qui ont le pied onglé et fendu en deux, sont aptes à la consommation. Les animaux qui ne présentent pas toutes ces caractéristiques à la fois sont interdits ; par exemple, le porc qui a le sabot fendu mais ne rumine pas ; de même, le chameau qui rumine mais n'a pas le sabot fendu.

La Bible énumère les oiseaux interdits. De cette liste, il faut retenir que seules les volailles sont autorisées ; bien sûr, seuls les œufs des oiseaux autorisés sont *cacher*. Parmi les animaux aquatiques, seuls sont autorisés ceux qui sont pourvus de nageoires et d'écailles. Sont donc exclus tous les crustacés et autres fruits de mer. La Bible autorise la consommation de quatre genres d'insectes. Mais ceux-ci sont tellement étranges et difficiles à identifier que les rabbins ont préféré les interdire tous. Une exception notable est relative au miel, qui est *cacher*. De même, tous les reptiles sont « abominables. »

Ce n'est pas tout. Pour que les animaux et volatiles autorisés soient *cacher*, il faut en outre qu'ils aient été tués dans des conditions spécifiques. Le *choh'et*, l'abatteur autorisé, doit trancher la gorge des animaux d'un seul geste ; la mort de l'animal doit être instantanée. Il utilise pour cela un couteau aiguisé comme un rasoir. La moindre imperfection de l'outil rend la viande impure. La viande, pour être consommable, doit être exsangue. Le steak « bleu » ne figure donc pas au menu des restaurants *cacher*.

« Tu ne feras pas cuire un chevreau dans le lait de sa mère. » Cette injonction est répétée trois fois dans la Bible. Cela suffit pour qu'il soit interdit de consommer tout produit lacté et tout produit carné au cours du même repas. Entre la viande et le fromage, il faut respecter un délai qui peut varier d'une à six heures selon les communautés. Le poisson (s'il est autorisé, bien sûr) et les œufs (des volailles autorisées, bien sûr) sont réputés *parvè*, c'est-à-dire neutres. Les ustensiles de cuisine qui servent à la viande et aux produits lactés doivent être physiquement séparés.

Enfin, à toute cette réglementation très restrictive, s'ajoute l'interdiction, pendant la semaine qui suit la Pâque juive, de consommer tout produit qui contient du levain, le pain en premier lieu. On consomme de la *matza*, des galettes de pain azyme, pour ne pas oublier « le pain de misère » que les Hébreux durent manger au début de leur fuite d'Égypte. La tradition veut que, durant les jours qui précèdent la Pâque, le chef de famille vérifie scrupuleusement que toute trace de pain ou de gâteau ait disparu de la maison. En outre, il faut en principe disposer d'un troisième jeu d'ustensiles de cuisine, de vaisselle, voire d'un troisième réfrigérateur qui ne seraient utilisés que pendant la semaine de *Pesah'*, la Pâque des juifs.

« Ces devoirs que je t'impose aujourd'hui seront gravés dans ton cœur… Tu les attacheras comme symboles sur ton bras et les porteras en fronteau entre les yeux. » La Bible ordonne également aux juifs de mettre les *tefillin* (ou phylactères) tous les matins. Il s'agit de deux petites boîtes cubiques contenant quatre passages bibliques écrits sur un minuscule parchemin, et qui sont chacune attachées à une longue lanière de cuir. L'une des boîtes est destinée au bras gauche et l'autre au front, selon un rituel extrêmement précis.

« Tu les inscriras sur les poteaux de ta maison et sur les portes. » Cette autre directive de la Bible concerne la *mezouza*. C'est un petit cylindre (en bois ou en métal) fixé sur le montant de la porte de toute maison juive, et qui contient un petit parchemin sur lequel est écrite la profession de foi essentielle de tout croyant. La tradition veut qu'à chaque fois qu'on entre dans la maison on porte les doigts de la main à ses lèvres et on touche la *mezouza*.

Ces pratiques peuvent effectivement sembler mystérieuses à qui n'a jamais ouvert la Bible. Chacune des directives qui structure la vie juive découle d'écrits très précis et très anciens. La circoncision n'a pas, pour ainsi dire, varié avec le temps ; on procède aujourd'hui comme hier. Une majorité de juifs respecte la Loi, on circoncit les nouveaux nés mâles, même dans les familles éloignées de la religion. La *cacherout* est tellement difficile à observer totalement que seuls les juifs religieux s'alimentent en respectant *toutes* les directives bibliques. Ce sont les mêmes qui mettent les *tefillin* tous les matins. Les juifs modérément respectueux de la Loi s'abstiennent de manger du porc. La pose de la *mezouza* sur les portes est, par contre, d'un usage assez répandu. Une dernière précision : le port de la *kippa*, la calotte portée par les juifs, n'obéit à aucune loi écrite ; la tradition de se couvrir la tête semble venir de l'idée qu'« aller tête nue est un signe de frivolité ».

MICHEL JACQUOT
SEPTEMBRE - OCTOBRE
EXPOSITION
LE JUIF
ET LA FRANCE
PALAIS BERLITZ . 31 Bd DES ITALIENS
SOUS L'ÉGIDE DE L'INSTITUT D'ÉTUDE DES QUESTIONS JUIVES

« Il y a un type physique juif. »

> *Les principaux signes auxquels on peut reconnaître le juif restent donc : ce fameux nez recourbé, les yeux clignotants, les dents serrées, les oreilles saillantes, les ongles carrés au lieu d'être arrondis en amande, le torse trop long, le pied plat, les genoux ronds, la cheville extraordinairement en dehors, la main moelleuse et fondante de l'hypocrite et du traître. Ils ont assez souvent un bras plus court que l'autre*
>
> **Édouard Drumont**, *La France juive*

Parmi les idées reçues sur les juifs, en voici une des plus répandues, encore tenace aujourd'hui, quoiqu'un peu en perte de vitesse. Le nez y tient une place prépondérante. Le nez, serait de taille au-dessus des normes, arqué, pointu et tombant. Cette description correspond d'assez près au nez bourbonien des rois de France, tels qu'on les voit dans les manuels d'histoire.

Dans un poème paru en décembre 1898, en pleine Affaire Dreyfus, un certain Patrinus explique pourquoi tous les juifs ont le nez crochu. Il évoque l'épisode de l'Exode où Moïse brûle le veau d'or, le réduit en poudre qu'il dissout dans de l'eau. Et il ordonne aux juifs de boire cette mixture :

« Ce jus concentré de pépites
Eut des effets instantanés
Sur les tribus israélites :
D'abord il déforma leur nez
Qui, depuis lors en croc se ploie
À l'instar des oiseaux de proie. »

Depuis le 15 mars 1939, la Tchécoslovaquie est annexée au reich allemand. Lorsque Reynhardt Heydrich est nommé gouverneur de la nouvelle province nazie, de fastueuses cérémonies sont organisées à Prague pour lui souhaiter la bienvenue. Un grand concert au *Rudolfinium*, la salle de concert de la capitale est prévu en son honneur.

Au dernier moment, le responsable des festivités sort de la superbe salle, et désignant les statues qui se trouvent sur le toit, demande :
« Qu'est-ce que c'est ? »
On lui répond :
« Ce sont les statues des plus grands compositeurs, Bach, Beethoven, Mozart, Mendelssohn…
– Quoi, ce juif a une statue, vous voulez me faire fusiller par Heydrich ? Envoyez immédiatement des hommes, et nettoyez-moi ce toit tout de suite ! »

Les nazis envoient sur le toit deux soldats avec pour instruction de détruire la statue de Mendelssohn. Les soldats montent sur le toit. Là, ils se grattent la tête. Une dizaine de statues les regardent méchamment. Laquelle est Mendelssohn ? Ils n'osent pas descendre et demander à un officier, qui n'en saurait probablement rien non plus. Ils examinent chaque statue dans le blanc des yeux, et miracle ! Là, une énorme statue représentant un type avec un grand nez, et de grandes oreilles. C'est lui, c'est le juif Mendelssohn ! Ils se mettent au travail et scient la base de la statue.

Puis, les deux soldats attachent des cordes autour de la tête de pierre. L'un tire et l'autre pousse. La statue tremble, finit par basculer dans le vide et s'écrase en mille morceaux devant la foule assemblée devant le théâtre.

Et Mendelssohn se met à rire franchement en voyant passer par-dessus bord son collègue Richard Wagner, le chantre de la race aryenne, le compositeur préféré d'Hitler…

d'après Jiri WEIL, *Mendelssohn est sur le toit*
(Denoël, 1993)

Plus près de nous, en septembre et octobre 1941, sous le régime de Vichy, eut lieu au palais Berlitz à Paris, une exposition intitulée *Le Juif et la France*. Une section de l'exposition montrait « comment reconnaître le juif ». L'Institut d'étude des Questions juives n'était pas à un paradoxe près. En effet, si on a besoin de clefs pour « reconnaître le juif », c'est que celui-ci peut très bien ressembler à tout le monde. Des gravures, des graphiques, des moulures montraient des têtes de juifs arborant d'énormes nez, de gigantesques oreilles, des lèvres lippues et des yeux chassieux au regard fourbe, cela va de soi.

On se souvient du film d'Otto Preminger, *Exodus*, où le beau Paul Newman prête ses traits au capitaine Ben Canaan. Un officier anglais lui dit : « Moi, Monsieur, je reconnais le juif, même de loin. » Ayant dit cela, Ben Canaan demande à l'Anglais de lui retirer une poussière qu'il a dans l'œil, et pour cela approche son visage jusqu'à le toucher. Et l'autre s'exécute, persiste et proclame qu'il décèle qui est juif, « même de loin ! »

Curieusement, le déchaînement antisémite concerne essentiellement le physique masculin. Autant l'histoire et la littérature nous présentent des juifs au physique peu engageant, voire repoussant (Shylock de Shakespeare, Fagin de Dickens, Gobseck de Balzac, et bien d'autres), autant les juives de l'imaginaire sont belles. Les femmes de la Bible* – Sarah, Rebecca, Rachel, Esther, Judith –, sont « belles de taille et belles de visage ». Le roman français du XIXe siècle cultive le fantasme de « la belle juive » au charme vénéneux. Chez Balzac, la femme juive est, telle Josepha dans *La Cousine Bette* une séductrice dangereuse. Dans *La Maison Tellier*, Maupassant affirme « qu'il y a toujours, dans les maisons de tolérance une femme pour tenir le rôle indispensable de la belle juive ».

Rares sont ceux qui, aujourd'hui, soutiendraient qu'il existe un type juif. L'idée reçue du « gros nez » est à reléguer dans les placards d'un folklore révolu. On chercherait en vain des traits communs, parmi les juifs d'Israël*, entre un grand blond venu de Russie, un *Falacha* (juif d'Éthiopie) à la peau d'ébène, un Marocain au poil noir et un Sabra (Israélien né en Israël).

« La mère juive est abusive. »

Rav Yehouda enseignait à son fils Ytshak :
- Un homme ne trouve satisfaction
qu'avec sa première femme.
- Sa première femme ? s'étonne Rav Ytshak.
- Oui, ta mère...

Talmud de Babylone

Contrairement aux autres religions monothéistes, le judaïsme se transmet par la mère. La filiation matrilinéaire explicite probablement l'idée reçue de « mère juive ». Est juif celui dont la mère est juive. Cette disposition de la Loi justifie la position particulière de la femme juive, puisque c'est par elle qu'est perpétué le judaïsme. Ce qui n'est pas sans poser de délicats problèmes pour les couples « mixtes ». Lorsqu'un juif est marié à une non-juive, leur enfant devra subir la procédure de la conversion. Dans le cas inverse, l'enfant est juif *de jure*.

Les juifs aiment à penser que leurs mères sont différentes des autres. Plus tendres, plus possessives, plus encombrantes. Et les Italiens disent de leurs « mamas » qu'elles sont les meilleures au monde. Chacun pense de sa mère à peu près la même chose. *A yiddishè mamè* (une maman juive), c'est le titre d'une célèbrissime chanson qui vous tire les larmes des yeux lorsqu'elle est bien interprétée. Le premier couplet dit ceci :

« *A yiddishè mamè*, elle rend plus doux la terre entière
Oy vay, que la vie est amère quand elle manque,

A yiddishè mamè, dans le feu, dans l'eau elle se jetterait pour son enfant,
Ne pas la chérir serait le plus grand pêché... »

En Europe orientale, le yiddish était réputé être la *mamè loushèn*, c'est-à-dire la « langue de la mère ». En effet, l'hébreu*, pour les juifs pieux, est la langue sacrée réservée à la prière. Le yiddish était la langue de la communication enseignée par la mère à l'enfant ; c'était donc le yiddish qui était parlé à la maison, par toute la famille, y compris les hommes. Lorsqu'un Ashkénaze* évoque la *mamè loushèn*, c'est toujours avec tendresse et nostalgie.

Le statut de la femme dans la religion juive évolue lentement. Le divorce (*guètt*, en hébreu), jadis uniquement lié à la volonté du mari, est aujourd'hui soumis au consentement de chacun des deux conjoints. Chez les juifs libéraux, la jeune fille fait sa *bat-mitzva*, comme le garçon fait sa *bar-mitzva**, la cérémonie de confirmation qui permet à tout juif d'entrer dans la communauté. Enfin, quelques femmes rabbins* (le terme « rabbines » n'est pas encore entré dans le vocabulaire) ont été récemment reconnues, au grand dam des milieux orthodoxes.

Le premier des six cent treize commandements imposés aux juifs est d'obéir à l'injonction divine « croissez et multipliez ». D'après les sages du Talmud*, un couple devrait avoir au moins un garçon et une fille, afin d'assurer, au minimum, son remplacement sur terre. Aux temps bibliques, la loi du « lévirat » s'imposait à l'homme dont le frère mourait sans descendance : il était considéré comme le nouvel époux de sa belle-sœur, et il avait l'obligation de lui faire des enfants ! Seul, un tribunal rabbinique peut exonérer l'homme et la femme de cette obligation au cours d'une cérémonie pour le moins pittoresque : la veuve dénoue la chaussure droite de son beau-frère, la lui ôte, et crache par terre devant lui. De nos jours, seule une minorité orthodoxe respecte cette disposition biblique.

Le folklore s'est emparé de la « maman juive » pour en faire le sujet d'une multitude d'histoires, de chansons, de romans, de nouvelles, de pièces de théâtre et de films. Dans l'œuvre de Woody Allen, par exemple, la mère est omniprésente. À la fin de l'émission télévisée *Bouillon de Culture* consacrée à Woody Allen, Bernard Pivot pose son fameux questionnaire. À la question : « Quel est votre juron favori ? », Woody Allen répond : « Je ne peux pas répondre ! » Pivot insiste : « Mais pourquoi donc ? » Woody rétorque : « Parce que ma mère regarde peut-être la télévision ! »

La mère juive est un des personnages essentiels de l'humour juif, alors que le père y est beaucoup moins représenté. C'est elle qui décrit ainsi le mariage de ses enfants : « Ma fille, elle a un mari formidable ; elle reste au lit toute la journée, elle a une bonne à la maison, son mari lui paye tout ce qu'elle veut. Mon fils, lui, est mal tombé ; sa feignante de femme ne fait rien, lui, il travaille comme un fou, et elle, elle dépense tout son argent… »

Selon la Bible*, « l'Éternel dit : Il n'est pas bon que l'homme soit isolé ; je lui ferai une aide digne de lui. » On sait que la femme fut créée à partir d'une des côtes d'Adam, qui constate que « celle-ci, pour le coup, est un membre extrait de mes membres et une chair de ma chair ». Pendant des milliers d'années, la femme fut considérée, dans le monde hébraïque autant que dans les autres sociétés, comme « une aide », pour ne pas dire « un accessoire » pour le mâle. La liturgie traditionnelle exige que l'homme bénisse, tous les matins, le « Seigneur de ne l'avoir pas fait femme » ; et la femme remercie Dieu de l'avoir faite « selon sa volonté ».

Et pourtant, l'histoire du peuple juif est riche en figures féminines de tout premier plan. Elles apparaissent souvent, comme bien plus douées que leurs compagnons.

Sarah, Rebecca, Rachel et Léa sont considérées par les juifs comme les « Matriarches », les mères de la nation juive. La Genèse expose le rôle essentiel qu'elles ont joué dans l'histoire du peuple hébreu. Sarah, en faisant chasser Ismaël, le fils de Abraham et de sa servante Agar ; et en enfantant Isaac, le fils de leur vieillesse. Rebecca, qui impose, par la ruse, son fils préféré Jacob à la succession de son époux Isaac. Léa et Rachel, les deux sœurs, épouses de Jacob à qui elles donneront (aidées de leurs servantes) douze fils qui deviendront les chefs des Douze Tribus* d'Israël*. Les noms des Matriarches sont souvent ajoutés à ceux des Patriarches*, leurs époux, dans les prières des juifs pieux.

De nombreuses autres femmes furent les héroïnes de l'histoire juive. Myriam, la sœur aînée de Moïse ; Séphora l'épouse non-juive de Moïse ; Débora, la « Jeanne d'Arc » juive ; Ruth, Moabite convertie au judaïsme, aïeule de David ; Esther, qui sauva les juifs de l'anéantissement ; Judith, qui, elle aussi, sauva son peuple en séduisant puis en tranchant la tête d'Holopherne, ennemi acharné des juifs.

La grande figure féminine emblématique de l'histoire juive contemporaine est Golda Méir. Née à Kiev, en 1898, elle et sa famille émigrent aux États-

Unis et s'installe à Milwaukee, Wisconsin, où elle est institutrice. Elle milite activement dans les milieux sionistes, et « monte » en Palestine en 1924. Dès la création de l'État d'Israël, en 1948, elle est nommée ministre du travail. David Ben Gourion, le premier ministre dira d'elle : « elle est le seul homme de mon gouvernement ! » On se demande encore si cela était un compliment. De 1956 à 1966, elle est ministre des Affaires Étrangères. En mars 1969, elle succède à Levi Eshkol au poste de premier Ministre, devenant ainsi une des premières femmes chef de gouvernement au monde. Elle eut à assumer la Guerre de Kippour, en octobre 1973, dont Israël sortit vainqueur, mais au prix de pertes humaines importantes. Elle démissionna en 1974. Elle mourut en décembre 1978, et elle est enterrée dans le cimetière des héros, sur le Mont Herzl de Jérusalem.

« Heureux qui a rencontré une femme vaillante ! Elle est infiniment plus précieuse que les perles. En elle, le cœur de son époux a toute confiance. Tous les jours de sa vie, elle travaille à son bonheur ; jamais elle ne lui cause de peine. Elle ceint de force ses reins, et arme son bras de vigueur. Elle dirige avec vigilance la marche de sa maison, et jamais, elle ne mange le pain de l'oisiveté. » (Proverbes XXXI,10-27).

C'est par ce verset dit « de la femme vaillante » que l'homme honore son épouse lorsqu'il rentre de la synagogue* le vendredi soir, au début du Shabbat. Longtemps considéré comme un hommage du chef de famille au travail de la femme, les féministes juives réagissent, depuis peu, à ce qu'elles considèrent comme une justification biblique de leur asservissement au mâle.

La polygamie n'est pas formellement interdite aux juifs. Le patriarche Jacob eut quatre femmes. Mais la médaille d'or revient au Roi Salomon qui eut « sept cents épouses et trois cents concubines, et ces femmes égarèrent son cœur ». Les rabbins du Talmud déconseillèrent fortement aux hommes d'avoir plus d'une épouse, au prétexte que la polygamie ne pouvait amener que des soucis. Il faudra attendre le Xe siècle pour qu'un rabbin allemand décrète que la polygamie est une « désacralisation du nom de Dieu ». Le Talmud relate ceci : « Un homme avait deux femmes, une vieille et une jeune. La jeune lui arracha ses cheveux blancs, et la vieille ses cheveux noirs. À la fin, l'homme n'eut plus de cheveux du tout. »

Une célèbre devinette pose la question : « Comment savons-nous que Jésus était juif ? »

La réponse se fait en quatre points :

1. Jésus à plus de trente ans, et n'était toujours pas marié.
2. Il avait repris l'affaire de son père.
3. Il croyait que sa mère était vierge.
4. Et sa mère croyait qu'il était le Bon Dieu.

Demandez à un juif ce qu'il pense de l'idée reçue « la mère juive est une mère abusive ». Il vous répondra, immanquablement : « C'est vrai, pour toutes les mères, sauf *ma* mère ! »

« Il y a un humour typiquement juif. »

J'avais un grand-père qui avait tellement le sens de l'humour, qu'à lui tout seul il a réussi à déclencher deux pogroms.

Woody Allen, *Le petit Woody Allen*, 1995

Contrairement aux idées reçues que nous venons d'évoquer, en voici une allégrement assumée par la plupart des juifs. Affirmer qu'ils ont tous le sens de l'humour, c'est aller un peu vite en besogne. Des gens très sérieux soutiennent que l'humour est la force ultime des faibles, des persécutés, de tous ceux qui « rient pour ne pas pleurer ».

Reste à définir ce qu'est l'humour juif. En règle générale, une histoire juive est racontée par un juif. Sinon, l'auditeur juif considérera que l'histoire est antisémite. Comme le proclamait Cyrano : « Je me les sers moi-même avec assez de verve / Pour ne point accepter qu'un autre me les serve. » L'histoire juive-antisémite, dans la plupart des cas, met en scène un juif que son amour de l'argent poussera à se montrer plus malin que les autres. Le goût du lucre demeure sa principale motivation. Ce type d'histoire, même si elle est drôle, risque de ne pas faire rire un juif, si elle est racontée par un non-juif. Mais cette même histoire, reprise par le juif qui l'a reçue, et servie par lui à un autre juif, peut très bien les mettre en joie tous les deux : l'histoire antisémite sera devenue une histoire juive.

Un des principaux moteurs de l'humour juif est l'autodérision. Savoir se moquer de ses tares et de ses faiblesses, c'est le début de la sagesse. C'est probablement la raison pour laquelle le yiddish est tellement riche en histoires, où le pauvre, l'idiot, le malchanceux, sont les héros qui font rire aux dépens des riches, des nantis, des possédants et des puissants. Encore faut-il noter que c'est toujours avec tendresse que sont évoqués ces personnages du folklore juif.

Le *shnorrèr* (mendiant) est le héros d'une multitude d'histoires. Selon la légende, le Messie, que les juifs attendent depuis la nuit des temps, viendra sur terre sous la forme d'un *shnorrèr*. Cela suffit pour que, contrairement à l'idée reçue, les juifs soient souvent généreux avec ceux qui tendent la main. Le *shnorrèr* avait acquis un statut social qui lui permettait de tenir tête aux riches. Dans son célèbre roman *Le Roi des Shnorrèrs,* Israël Zangwill conte les aventures de Manassé, mendiant professionnel bien plus malin que le riche Grobstock, qui finira par être berné de la plus belle manière. Les Rothschild, si l'on en croit les *vitzèn* (histoires juives), ont eu fort à faire avec les *shnorrèrs* et ils n'ont jamais eu le dernier mot.

Rothschild et le *shnorrèr*

Mendélé, *shnorrèr* de père en fils, force la porte du somptueux hôtel particulier de Rothschild et se met en travers du chemin du maître des lieux.

« Monsieur le baron, je peux vous faire gagner cinq cent mille livres en une minute !

– Toi, Mendélé, répond Rothschild, amusé, et comment feras-tu ?

– Écoutez, j'ai lu dans le *Times* que vous mariez votre fille Rebecca, et que vous lui donnez une dot d'un million de livres. C'est exact ?

– C'est vrai, mais je ne vois pas...

– Moi, je vous la prends pour cinq cent mille livres ! »

La ville polonaise de Chelm, située à la frontière de la Biélorussie, était réputée être la ville des imbéciles, mais pas des imbéciles ordinaires, comme on en rencontre tous les jours. C'étaient des simples d'esprit qui maniaient une logique bien à eux, capables de vous convaincre par la plus stupide des démonstrations. Un exemple ? Les sages de Chelm se réunissent pour décider lequel des deux astres, du soleil ou de la lune, est le plus important. Après de très longues discussions, ils décident que c'est la lune, parce qu'elle éclaire la nuit, quand on n'y voit rien ; alors que le soleil luit en plein jour, lorsque personne n'en a besoin.

Cette forme d'humour, où le rire est déclenché par la chute de l'histoire, totalement inattendue, où le « non sens » est hissé à la hauteur d'une institution, semble bien caractériser l'humour juif. Le Talmud* recèle des trésors d'histoires, paraboles et anecdotes qui prouvent que les Anciens savaient utiliser l'humour pour éclairer leur enseignement, souvent complexe, obscur, voire abscons. Ce sont autant de pépites qui scintillent dans un torrent de commentaires, discussions, exégèses et autres polémiques. Ce qui est remarquable, c'est la capacité des juifs de l'époque talmudique à remettre en cause les textes que leurs maîtres présentaient comme la vérité absolue.

Les grands auteurs juifs ont tous manié l'humour, souvent avec bonheur. Leur œuvre mêle les larmes et le rire, le drame et la dérision. Il en est ainsi de ceux qui écrivaient en yiddish, l'emploi de l'imparfait étant ici approprié, puisque rares sont ceux qui publient en yiddish aujourd'hui. Parmi les plus célèbres, on peut citer : Sholem Aleikhem (nom de plume de Salomon Rabinowitz, signifiant « la paix soit sur vous », la salutation hébraïque par excellence), l'immortel auteur de *Tévyé le laitier*, plus connu en

France sous le titre d'*Un violon sur le toit*. Avec Israël Leib Peretz et Mendele Moycher Sforim, il est considéré comme « le père de la littérature yiddish ».

Le prix Nobel de littérature fut attribué en 1978 à Isaac Bashévis Singer pour l'ensemble de son œuvre, écrite en yiddish. Singer maniait l'humour avec maestria. Lorsqu'on lui racontait une histoire, il écoutait puis posait cette question : « Pourquoi Caïn a-t-il tué Abel ? Parce qu'il ne faisait rien qu'à lui raconter des histoires juives que tout le monde connaissait déjà !!! »

Nombre de juifs américains ont publié, en anglais, des romans, des nouvelles ou des essais où l'influence juive est prédominante. L'humour de Philippe Roth est ravageur et critique sauvagement ses contemporains, juifs pour la plupart. Le cinéma a révélé deux grands humoristes « américains mais juifs » : Groucho Marx et Woody Allen.

L'humour de Groucho est destructeur pour son entourage, et toujours d'une violence inouïe. Il est le maître du « non sens », et à ce titre un digne descendant des maîtres du Talmud. Son vieil ami, Leo Rosten disait de lui : « Un ami comme ça, je le souhaite à mon pire ennemi ! » Ils sont un jour dans l'ascenseur d'un grand hôtel de New York. La porte s'ouvre, entre un prêtre catholique qui s'écrie : « Mais vous êtes Groucho Marx, c'est ma mère qui va être contente, elle vous adore ! » Et Groucho se tournant vers Leo chuchote, mais suffisamment fort pour que tout le monde entende : « Ça alors, je croyais que les curés n'avaient pas de mère ! »

Woody Allen est entièrement tourné vers lui-même. Il met en scène ses parents, sa famille, ses femmes, ses amis, ses ennemis, ses états d'âme et ses maladies. Il s'est toujours défendu de faire de « l'humour juif », et pourtant, les références au judaïsme sont nombreuses et constantes dans tous ses films. Dans un de ses premiers films *Prends l'oseille et tire-toi !*, il est volontaire pour essayer un nouveau vaccin qui le transforme… en rabbin*. Une oreille attentive et exercée reconnaîtra, dans la plupart de ses dialogues quelques mots ou expressions yiddish (en version originale, bien sûr).

Dresser un tableau complet du cinéma d'humour « juif américain » est impossible dans un ouvrage aussi succinct. On se contentera de citer Danny Kaye, Jerry Lewis, Mel Brooks, et beaucoup plus près de nous, Jerry Seinfeld. La contribution française, pour n'être pas aussi importante que l'anglo-américaine, n'est pas négligeable. On pense immédiatement à Pierre Dac, le grand maître (le « maître soixante-trois » disait-il de lui-même) de l'absurde. Il y a un parallèle saisissant entre ses personnages et leurs très lointains ancêtres de l'époque talmudique. Ainsi, ce militaire puni pour être « sorti du champ de tir à reculons pour faire croire qu'il y entrait », n'est-il pas le digne rejeton de Rabbi Josué ?

> Rabbi Josué fut envoyé à Athènes pour étudier la sagesse grecque. Lorsqu'Il arriva à la porte de l'école des sages, il constata qu'il y avait des gardes à l'intérieur et à l'extérieur de l'école. Lorsque les sages voyaient des traces de pas orientées vers l'intérieur, ils tuaient les gardes extérieurs ; et lorsqu'ils voyaient des traces de pas orientées vers l'extérieur, ils tuaient les gardes intérieurs. Rabbi Josué inversa le sens de ses sandales, et ils tuèrent les gardes intérieurs. Puis il remit ses sandales dans le bon sens, et ils tuèrent les gardes extérieurs.
>
> (Talmud de Babylone)

Romain Gary, le seul écrivain français à avoir obtenu deux prix Goncourt, n'a pas seulement acquis son immense notoriété par son humour. Et pourtant, dans un petit roman, *La Danse de Gengis Cohn*, son personnage principal parle un savoureux yiddish « en français dans le texte ». Albert Cohen et son Mangeclous ont su faire revivre les riches heures des juifs de la Méditerranée. Et Moussa Abadi évoque les juifs de Damas avec tendresse, nostalgie et humour. La relève de l'humour juif français est aujourd'hui assurée au théâtre, au cinéma et à la télévision par une jeune génération d'humoristes pleins de talent, venus en métropole apporter le soleil du Maghreb ; parmi eux, Michel Boujenah, Patrick Timsit, Élie Semoun, le regretté Élie Kakou, Gad Elmaleh.

Même Freud s'en est mêlé : dans son essai *Le Mot d'esprit et sa relation à l'inconscient* il démonte le mécanisme du rire, ce qui n'est pas drôle du tout. Mais il illustre son propos en racontant une bonne vingtaine d'histoires juives.

Bien entendu, l'humour est présent dans la littérature, la télévision et le cinéma israéliens. C'est un juste retour des choses que les auteurs d'aujourd'hui soient revenus à l'hébreu, la langue des tout premiers humoristes juifs.

Il y a bien un humour juif. D'innombrables recueils d'histoires juives sont très régulièrement édités. Dans les rayons « humour » des libraires, la section « humour juif » est l'une des plus fournies. Les histoires qui y sont racontées sont, très souvent, les mêmes d'un ouvrage à l'autre. Les protagonistes changent de nom, les lieux et les circonstances peuvent varier d'une blague à l'autre, la chute qui en fait toute la valeur demeure la même.

« Ils aiment jouer à "qui est juif ?" »

Si la théorie de la relativité se révèle exacte,
l'Allemagne affirmera que je suis citoyen allemand,
et la France me déclarera citoyen du monde.
Mais, si ma théorie ne se vérifie pas, alors,
la France dira que je suis un Allemand,
et les Allemands que je suis un juif.

Albert Einstein, déclaration à la Sorbonne, décembre 1929

Voilà un petit jeu dont les juifs, même s'ils s'en défendent, raffolent. Combien de fois, au cours d'une simple conversation qui évoque telle personnalité, n'a-t-on entendu son interlocuteur s'exclamer : « Tu ne savais pas, mais il (ou elle) est juif (ou juive) ! » Il s'agit, dans la grande majorité des cas, de quelqu'un dont on devrait être fier, un écrivain, un savant, un artiste, un politique, une grande réussite dans les affaires, même un escroc, pourvu qu'il soit malin et sympathique. Rarement un criminel, jamais un assassin de vieillards ou d'enfants.

L'idée reçue est particulièrement vérifiée quand elle s'applique aux musiciens. Et parmi ceux-ci, les violonistes tiennent une place de choix. L'explication, aussi vieille que l'invention de l'instrument, vient immédiatement à l'esprit : « Tu te vois fuir ta maison en emportant un piano à queue ? Un violon, c'est léger, discret, ça passe inaperçu ! » Est-ce la raison pour laquelle on constate que tant de virtuoses du violon sont juifs ? Heifetz, Joachim, Menuhin, Milstein, Stern, Oistrakh, Perlman, Zukerman, Gitlis, Mintz, et tant d'autres. Ou bien, est-ce dû à l'influence tzigane ? Lorsque les juifs écoutent un bon violoniste pas encore connu, ils s'étonnent : « Je ne savais pas qu'il était juif ! »

Lcs pianistes, les chefs d'orchestre, et nombre de solistes, ne sont pas en reste. Léonard Bernstein (pianiste, chef d'orchestre et compositeur), Arthur Rubinstein, Vladimir Horowitz, Lorin Maazel, Daniel Barenboïm, Murray Perahia – la place manque pour les citer tous – sont la gloire des mélomanes juifs. Mais, on doit à la vérité de dire qu'un bien plus grand nombre d'artistes importants n'est pas juif, et les vrais amateurs les apprécient tout autant.

Parmi les compositeurs d'origine juive, il faut citer : Félix Mendelssohn, lui-même né dans la religion protestante mais petit-fils de Moïse Mendelssohn, le grand philosophe juif, père de la *Haskala** ; Arnold Schoenberg, Max Bruch, Gustav Mahler, Meyerbeer, Darius Miihaud, George Gershwin ; et, bien sûr Jacob Eberst, alias Jacques Offenbach, fils du *hazan** de la synagogue* de Cologne, né à... Offenbach-sur-le-Main.

On pourrait continuer ce petit jeu avec les peintres (Chagall, Modigliani, Soutine, Kisling, et la quasi totalité de l'École de Paris) ; avec les écrivains que nous avons évoqués plus haut, et auxquels il convient d'ajouter, pour faire bonne mesure, Proust, Kafka, Koestler, Primo Lévi, Kessel, Perec, et tant d'autres.

Parmi les hommes de science du XXe siècle, Freud et Einstein ont profondément marqué leur époque. Les juifs, pour la plupart, les revendiquent haut et fort, comme étant des leurs. Chacun aurait rêvé d'avoir un Freud ou un Einstein (pourquoi pas les deux ?) dans sa famille.

Sigmund Freud (1856-1939) déclara, au cours d'une réunion au *B'nai Brith* dont il fut membre pendant une trentaine d'années : « Parce que j'étais juif, je me suis senti libéré de maints préjugés qui en ont entravé d'autres dans l'utilisation de leur intelligence ; et, en tant que juif, j'étais préparé à me placer du côté de l'opposition. » Après l'Anschluss (1938) Freud dut fuir Vienne pour Londres, où il publia *Moïse et le monothéisme*, sa dernière œuvre qu'il considère comme « résolument juive ».

Albert Einstein (1879-1955) demeura, lui aussi, fidèle à ses origines juives. Il a affirmé : « La poursuite de la connaissance pour elle-même, un amour quasi fanatique de la justice et le désir de mon indépendance personnelle, voilà les traits de la tradition juive qui me font remercier ma bonne étoile de m'avoir fait naître juif. » En 1952, à la mort de H'aïm Weizmann, autre grand homme de science juif et premier président d'Israël*, on offrit à Einstein la succession à la tête du jeune État. Il refusa, ne se sentant pas préparé pour remplir correctement cette fonction. Ben Gourion avait réagi en posant la question : « Et que faisons-nous s'il accepte ? »

Mais, attention ! Les juifs devraient prendre garde que ce petit jeu ne soit à double tranchant. S'il leur est agréable de constater que la représentation des juifs parmi les élites est supérieure à leur proportion dans la population globale, ils ne devraient jamais oublier que c'est là un argument qui se retourne contre eux. Dans son *Journal*, Renaud Camus constate que les juifs sont sur-représentés à France Culture, ce qui a abouti à des poursuites judiciaires pour antisémitisme.

Parfois, jouer à « qui est juif ? » devient une partie de cache-cache. Certaines personnalités n'ont jamais révélé leur judéité, probablement à cause de contraintes historiques. Des universitaires, des chercheurs, ou tout simplement des curieux s'acharnent à éclaircir le doute. Tel est le cas de deux géants de la littérature du XVIe siècle, Montaigne et Cervantès. Dans les *Essais*, Montaigne montrerait ses racines juives par la pratique du commentaire de texte, la place donnée à certaines pratiques propres aux Marranes, et aussi par une certaine forme d'humour, qui pourrait bien être le fameux humour juif. Cervantès, dans son immortel *Don Quichotte*, raconte comment Sancho Pança, gouverneur de l'île dont il a toujours rêvé, rend un jugement « qui le fit tenir pour un nouveau Salomon ». Il se trouve qu'on rencontre exactement la même histoire dans un commentaire biblique du IVe siècle. Seuls les noms des protagonistes ont été changés. Cervantès a-t-il imaginé cet épisode, ou bien l'a-t-il trouvé dans un texte caché, dans une Espagne totalement vide de juifs depuis près d'un siècle ?

Une autre énigme, toujours non résolue, concerne Charlie Chaplin. Certains affirment qu'il était juif. Lui-même répondant à cette question, dit : « Non, je ne suis pas juif ; mais je suis sûr qu'il y en a un peu en moi, quelque part. » Il a toujours entretenu le mystère à ce sujet. Dans *Le Dictateur*, le personnage du petit coiffeur est plus juif que le plus juif des petits coiffeurs ; le ridicule terrifiant de Adénoyd Hinkel et de ses sbires Garbish et Herring est une attaque directe contre le régime nazi. Le film, faut-il le rappeler, est sorti en 1938, avant la guerre. C'est la propagande de Goebbels qui a qualifié Charlot de « petit acrobate juif ridicule et dégoûtant ».

Entre les juifs « évidents », c'est-à-dire ceux qui revendiquent leur judéité, et les juifs « supposés » dont nous venons de parler, il y a les juifs qui rejettent leur origine, parfois avec violence, comme Marx, Trotski et Luxemburg. Gertrude Stein (1874-1946), femme de lettres américaine installée à Paris, égérie de Hemingway et dont Picasso fit un portrait célèbre eut l'occasion d'affirmer : « Les juifs n'ont produit que trois génies originaux : le Christ, Spinoza, et... moi-même. » Déclaration originale, elle aussi, s'agissant de trois personnalités qui, nées juives, ne se considéraient pas juives du tout.

Enfin, il y a ceux que les juifs considèrent comme étant des leurs, quoique convertis pour des raisons de sécurité évidentes. Tel est le cas de Nostradamus (1503-1566). Le grand-père de Michel de Nostredame, dit Nostradamus, s'était fait catholique. Mais le jeune Michel eut la chance de connaître un arrière grand-père maternel qui était resté attaché au judaïsme. C'est cet aïeul atypique qui lui aurait enseigné les mathématiques, transmis sa passion pour les astres, la Kabbale* et l'histoire du peuple juif. Ceci aurait marqué profondément l'œuvre du « prophète », auteur des *Centuries astrologiques*.

Oui, le petit jeu de « qui est juif ? » est très répandu. Considéré comme sympathique lorsqu'il se fait entre juifs, il devient suspect dès qu'un non-juif entre dans le jeu. Lorsqu'on est convaincu que la personne dont on parle est juive, on constate : « Ça ne m'étonne pas ! » Mais quand la démonstration n'est pas évidente, on soupire : « Il (ou elle) mériterait de l'être ! »

Devine qui est juif, tu ne devineras jamais

Les Américains sont particulièrement friands du jeu qu'ils nomment eux-mêmes *Guess who is jewish, you'll never guess.* Dans un petit livre, il est proposé au lecteur de deviner qui se cache sous un patronyme bien anglo-saxon, et la réponse est donnée sous la photo de la personnalité à découvrir. Certains sont connus de tous (Kirk Douglas, Woody Allen, Jerry Lewis, Danny Kaye, Barbara Streisand). Mais on découvre que :

- Pauline Levee, c'est Paulette Godard ;
- Tula Ellice Finklea, c'est Cyd Charisse ;
- Betty Jane Perske, c'est Lauren Bacall ;
- Robert Zimmermann, c'est Bob Dylan ;
- Et Peter Falk, c'est... Columbo !

SOCIÉTÉ ET ÉCONOMIE

« Les juifs aiment l'argent, et sont doués pour les affaires. »

Parce qu'il était voleur, et que, tenant la bourse, il prenait ce qu'on y mettait.

Évangile selon Jean, XII,6

C'est de Judas Iscariote dont il s'agit. Trésorier de la petite communauté qui entourait Jésus, il le vendra « pour trente pièces d'argent ». Étrangement, pendant des siècles, Judas sera considéré comme un juif, parce que son goût de l'argent lui fit trahir son maître. Alors que Jésus et tous les autres apôtres étaient aussi juifs que lui. L'Iscariote (le sicaire, le traître), réalisant sa faute, finira par se pendre. Dans l'imaginaire populaire, les juifs sont tous des descendants de ce Judas (avec un « s »), alors que lui-même portait le nom de son lointain ancêtre Juda (sans « s »). Juda était le quatrième fils de Jacob, et donna son nom à la tribu et au pays qui devint la Judée, première patrie des juifs.

L'idée reçue du rapport des juifs au précieux métal avait pris corps depuis l'épisode biblique du « Veau d'Or » (Exode, XXXII). Les Hébreux*, se sentant abandonnés par Moïse, tentèrent de le remplacer par une idole en or. « Voilà tes dieux, Israël*, qui t'ont fait sortir du pays d'Égypte ! » Lorsque Moïse descendit du Sinaï, il brisa les tables de la Loi. Sa colère fut terrible. Il ordonna qu'on détruise l'idole et qu'on passe par le glaive ceux qui s'étaient livrés au sacrilège. Le Moïse de Michel-Ange, qu'on peut admirer dans une église de Rome, évoque avec réalisme le courroux du prophète.

L'Église romaine décréta en 1179, que le prêt à intérêt était interdit aux chrétiens qui risquaient l'excommunication. Les juifs, qui étaient écartés de la plupart des activités « nobles », comme l'exploitation de la terre et les armes, se virent autorisés à pratiquer le prêt d'argent. L'usure, terme qui désignait, à l'origine, tout prêt à intérêt, n'avait pas acquis le sens péjoratif moderne, et était donc tolérée par la Loi juive. Le Talmud* spécifie que l'on ne peut la pratiquer que si l'on n'a pas d'autres moyens de subsistance. On trouve dans les *Tosafot* (commentaire du Talmud) l'explication suivante : « Si nous prêtons à intérêt à des non-juifs, c'est parce que le joug que le roi et ses ministres nous imposent est sans fin, et nous ne prenons que le minimum qui est nécessaire pour nous nourrir, et nous sommes condamnés à vivre parmi les nations et nous ne pouvons gagner notre vie d'aucune autre manière que le prêt à intérêt, de sorte que celui-ci n'est plus prohibé. »

L'usure, activité considérée comme méprisable, devint vite nécessaire à l'économie européenne. Elle cessa d'être l'apanage des seuls juifs. On vit entrer et réussir dans la profession les Lombards, les Vénitiens, les Levantins. L'usure était devenue la Banque. L'idée reçue était si tenace que le questionnaire soumis au Sanhédrin* que Napoléon convoqua en 1807 comportait deux interrogations sur l'usure. Aujourd'hui, l'usure ne désigne plus guère que l'application d'un taux d'intérêt excessif, et constitue un délit. La Banque de France publie tous les trimestres « les seuils de taux d'usure ».

La littérature a largement exploité le personnage du méchant usurier juif. Que ce soit *Le Juif de Malte* que Marlowe a dénommé… Barabbas, le Shylock de Shakespeare, ou le Gobseck de Balzac, tous ont pour point commun la passion dévorante de l'or qui leur fait commettre les pires abominations. Le *Juif Süss*, un roman de Wilhelm Hauff (1801-1827), sera porté au cinéma en 1940, par Veit Harlan, champion du cinéma nazi et ami de Goebbels.

À l'usurier va succéder le banquier juif. Le plus célèbre d'entre eux, Mayer Amschel Rothschild (1743-1812) était le fils d'un changeur de Francfort, en Allemagne. Avec ses cinq fils, il fonda la première banque multinationale. Amschel Mayer l'aîné, lui succéda à Francfort. Ses quatre frères essaimèrent en Europe : Salomon à Vienne, Nathan à Londres, Karl à Naples, James à Paris. L'expansion de leur empire n'empêcha pas les frères de rester très proches. Leur politique de coopération fit même des Rothschild le plus grand pouvoir bancaire d'Europe. Lionel Rothschild devint le premier juif élu à la Chambre des communes de Londres. C'est à lui que Lord Balfour adressa, le 2 novembre 1917, sa célèbre missive, que l'histoire a retenu sous le nom de « Déclaration Balfour », par laquelle la Grande-Bretagne « considérait avec bienveillance l'établissement en Palestine d'un foyer national juif. » Les Rothschild, bien que plutôt éloignés de la religion, sont restés très fidèles à leur origine ; aucun d'entre eux ne se convertit jamais.

Se rendant à Saint-Pétersbourg, Lord Rothschild fait arrêter sa superbe voiture dans un pauvre *shtetl** de Lituanie, devant l'unique auberge, une très modeste gargote. Il s'assoit à une minuscule table et commande deux œufs sur le plat. Le patron, ayant reconnu son illustre hôte, s'agite et lui sert sa commande. Les œufs sont dévorés rapidement, et l'addition est demandée.

« C'est vingt-cinq roubles, Monseigneur, balbutie l'aubergiste.

– Mais c'est une somme énorme, s'exclame le banquier. Les œufs sont-ils si rares dans la région ?

– Les œufs, non ; mais les Rothschild, oui ! »

Durant la seconde partie du XIXe siècle, la banque juive de Paris connaîtra son apogée. Sa mainmise sur la haute finance française alimente les pires fantasmes antisémites, et aboutira, à la fin du siècle, à l'Affaire Dreyfus. Les frères Péreire, Jacob-Émile et Isaac, prirent une part importante à la création du chemin de fer en France et en Espagne. Ces grands capitalistes furent des disciples actifs de Claude de Saint-Simon, considéré comme un des initiateurs du socialisme moderne. Ils finirent ruinés par la faillite de leur banque, le Crédit mobilier. La famille De Camondo, chassée d'Espagne vers Venise, puis Constantinople, s'installe à Paris en 1869. Moïse de Camondo fait construire le superbe Hôtel de la rue de Monceau, à Paris, qui est aujourd'hui un musée. Son fils, Nissim, meurt en combat aérien en 1917 ; sa fille et ses deux petits-enfants disparaîtront à Auschwitz.

A-t-on assez reproché leur fortune à ces millionnaires juifs ? Et pourtant, ils ont fait preuve de générosité, pas seulement avec la communauté juive. Les hôpitaux, dispensaires, maisons de retraite et fondations caritatives créés à l'époque, subsistent encore aujourd'hui. Les dons d'œuvres d'art aux musées français furent nombreux. Mais même cette générosité fut sujette à caution, dans la mesure où on leur fit grief d'acheter leur conscience à bon compte. La Loi juive fait obligation à ceux qui se sentent concernés par elle de pratiquer la *tsedaka*, mot hébreu qui signifie à la fois « charité » et « justice ». Selon la parole biblique, « celui qui est généreux envers les pauvres prête au Seigneur. »

Aux États-Unis, l'histoire d'Hollywood est, comme le dit Jean Lacouture, « un chapitre de l'épopée juive du XXe siècle ». En 1916, il n'existait que quelques studios en Californie. Une dizaine d'immigrants juifs, venus d'Europe orientale, allait faire de Hollywood le géant mondial du cinéma. Marcus Loew créa la « Metro », Samuel Goldfish, la « Goldwyn » ; Louis B. Mayer, la « Mayer ». Les trois « nababs » du cinéma finirent par se regrouper pour fonder la MGM, la firme au lion rugissant que les humoristes appelèrent *Mayer Ganze Mishpoh'é* (toute la famille Mayer en yiddish). Carl Laemmle fonda les « Studios Universal », Wilhelm Fuchs, la « Fox », et Adolf Zukor, la « Paramount ».

D'autres grandes réussites juives ont jalonné l'histoire du XXe siècle. Il est intéressant de noter que ces réussites sont qualifiées de « juives », alors que celles des non-juifs ne sont pas assorties d'une origine quelconque.

On a plus souvent reproché aux juifs le goût du pouvoir que donne l'argent, que l'avarice de Harpagon. Dans ses *Réflexions sur la question juive*, Sartre explique que « c'est le goût de l'abstraction qui permet de comprendre le rapport du juif avec l'argent » et il poursuit : « Le juif aime l'argent, dit-on. Pourtant la conscience collective, qui le dépeint volontiers comme âpre au gain, le confond rarement avec l'avare, et c'est même un thème favori d'imprécations pour l'antisémite que la prodigalité munificente du juif. À vrai dire, si le juif aime l'argent, ce n'est pas pour un goût singulier pour la monnaie de cuivre ou d'or, ou pour les billets… Il s'agit, en réalité, d'un pouvoir d'achat. Seulement, s'il préfère à toute autre cette forme de propriété, c'est qu'elle est universelle. »

Le succès de deux films récents (*La Vérité si je mens 1* et *2*) est dû à une bande de joyeux lurons, tous juifs originaires du Maghreb, pour qui la richesse se mesure à la « prodigalité munificente » dont parle Sartre : demeures luxueuses, bijoux, Rolex et BMW... Mais, c'est en définitive à leur esprit d'entreprise, leur acharnement au travail et à leur subtilité qu'ils doivent leur réussite en affaires.

Dans le même temps qu'il y eut quelques grandes fortunes juives, il y eut des milliers de petits commerçants, d'artisans besogneux, d'ouvriers et d'employés qui avaient tous grand mal à nourrir une famille, surtout s'ils étaient récemment immigrés. Tout comme on ne parle jamais des trains qui arrivent à l'heure, ceux-là n'ont pas le droit de cité. De nos jours, la banque n'est plus une exclusivité juive, et les grands brasseurs d'affaires, ceux qui font la couverture de la presse financière, ne sont plus que rarement des fils d'Israël.

« Le communisme est une invention juive. »

Pour Rothschild, Marx est un dangereux révolutionnaire.
Pour Marx, Rothschild est un impitoyable capitaliste.
Pour Hitler, les deux sont juifs.

Nous venons de voir comment l'idée reçue du « juif capitaliste » est née de la prédominance de la banque juive en Europe au XIXe siècle. L'imagerie populaire l'a souvent représenté avec son nez crochu, son haut de forme et son cigare, symboles du capitalisme s'il en fut. Il serait à l'origine du capital international qui se moque des frontières, utilisant le travail du prolétaire comme moyen d'enrichissement personnel.

Selon Marx, « Le juif s'est émancipé d'une manière juive, non seulement en se rendant maître du marché financier, mais parce que, grâce à lui et par lui, l'argent est devenu une puissance mondiale, et l'esprit pratique juif, l'esprit pratique des peuples chrétiens... L'argent est le Dieu jaloux d'Israël*, devant qui nul autre Dieu ne doit subsister. Le change, voilà le vrai Dieu du juif. Son Dieu n'est qu'une traite illusoire. » (*De la question juive,* 1843) Karl Marx (1818-1883), petit-fils de... deux rabbins*, fut converti à l'âge de 6 ans, et sa surenchère dans l'hostilité aux juifs s'explique par sa soumission aux idées supposées antisémites de la société allemande. Le zèle qu'il déploya fut vain, puisqu'il fut toujours considéré comme juif. Il fut l'inspirateur d'Adolf Hitler – pas moins – qui déclara : « La connaissance scientifique du danger juif est de plus en plus approfondie (...) Chaque individu commence à éliminer le juif qui est en lui. Et j'ai bien peur que cette magnifique idée ne vienne de personne d'autre que d'un juif. » On connaît l'extraordinaire influence qu'eurent sur l'histoire contemporaine *Le Manifeste*, écrit en collaboration avec Engels, et surtout *Le Capital*, œuvre posthume publiée à partir de 1885. L'ensemble des conceptions philosophiques, économiques, sociales et politiques que l'Histoire a retenu sous le nom de « marxisme », a bouleversé le destin du monde moderne.

Le marxisme allait trouver sa consécration en Russie. La révolution bolchevique amena au pouvoir les soviets dont les cinq premiers dirigeants furent Lénine, Staline, Trotski (Lev Davidovitch Bronstein), Kamenev (Lev Borisovitch Rosenfeld) et Zinoviev (Grigori Evseyevitch Radomysisky). Le fait que, sur les cinq chefs historiques du communisme, trois aient été juifs, donna corps à l'équation communisme = juifs, argument généralement utilisé en Europe occidentale, même par des personnalités qu'on ne peut pas soupçonner d'antisémitisme. Winston Churchill écrivit dans une revue britannique : « Il semblerait presque que l'Évangile du Christ et l'Évangile de l'Antéchrist étaient destinés à provenir de ce même peuple choisi pour les manifestations suprêmes aussi bien du divin que du diabolique. » Le paradoxe est d'autant plus marqué que, aux yeux des marxistes, le « diabolique » était largement représenté par les capitalistes juifs d'Europe et d'Amérique.

Trotski, nommé chef du comité militaire révolutionnaire dès 1917, est considéré comme le créateur de l'Armée rouge. À la mort de Lénine, le 21 janvier 1924, il fut écarté du pouvoir. Le Parti était désormais dirigé par Staline, Kamenev et Zinoviev. Le XIIIe congrès du Parti condamne les thèses de Trotski, qui est poussé à la démission en janvier 1925. En décembre de la même année, Staline écarte Kamenev et Zinoviev, soupçonnés de sympathie pour Trotski. Celui-ci est exilé au Kazakhstan, puis chassé d'URSS. Le 21 août 1940, il est assassiné au Mexique, par un proche, probablement infiltré sur ordre de Staline. Le sort de Kamenev et Zinoviev avait été scellé dès 1936. Ils furent condamnés à mort et exécutés après une parodie de procès. Staline était désormais le seul maître de l'URSS.

Rosa Luxemburg naît à Zamosc, petite ville de Pologne, en 1871, dans une famille juive traditionaliste. Du côté de sa mère, on compte dix-sept générations de rabbins ! Après des études en Suisse, elle se rend en Allemagne, où elle milite activement dans les milieux socialistes. Elle rejette violemment ses racines juives, mais ses ennemis ne les oublieront jamais. Elle fonde, avec Karl Liebknecht la « Ligue Spartacus » qui deviendra le Parti communiste allemand. Après l'échec de l'insurrection « spartakiste » de janvier 1919, Luxemburg et Liebknecht sont arrêtés, lynchés et assassinés par la milice gouvernementale.

Enzo Traverso propose dans *Les Juifs et le XXe siècle* ce saisissant résumé : « Comme Marx ou Trotski, Rosa Luxemburg semble incarner de façon emblématique la figure du "juif non juif" : l'intellectuel et le révolutionnaire hérétiques qui participent d'une tradition juive, tout en transcendant les frontières du judaïsme, juifs autant par leur cosmopolitisme que par la perception sociale dont ils font l'objet dans un contexte profondément imprégné d'antisémitisme. »

Les juifs ont été présents dans tous les mouvements révolutionnaires socialistes du XXe siècle. Le Front Populaire de Léon Blum comportait de nombreux ministres et politiques d'origine juive. Ceci nourrit l'argumentation des antisémites qui attribuèrent aux juifs la défaite de 1940.

Bernard Lazare (1865-1903), ardent polémiste socialiste, un des premiers défenseurs de Dreyfus, et futur disciple de Herzl, tente d'expliquer la dualité du peuple juif : « D'un côté, ils ont été parmi les fondateurs du capitalisme industriel et financier ; de l'autre, ils sont parmi les plus ardents adversaires du capital. Au juif draineur d'or, produit de l'exil, du talmudisme... s'oppose le juif révolutionnaire, fils de la tradition biblique et prophétique... » Cette prise de position fut violemment critiquée par la communauté juive, elle-même divisée entre « capitalistes » et « révolutionnaires ».

Revenons un instant sur la théorie du bouc émissaire, selon laquelle tout ce qui ne va pas est la faute de l'autre : le capitalisme est juif pour l'ouvrier exploité ; le communisme est juif pour le possédant menacé d'être dépossédé. On pourrait développer le raisonnement à l'envi. Par exemple, pour les antisémites des années quarante, la démocratie est juive : « Que faut-il au juif ? Une **Liberté** certaine pour faire ses affaires, trafiquer en paix, s'enrichir sans risque ; une **Égalité** de droit et de fait avec les autres nations, pour qu'il puisse parler en maître ; une **Fraternité** extérieure, factice, avec tous les *goyims**, tous les infidèles qu'il devait fréquenter pour s'enrichir. Avec ces trois mots, le juif allait bouleverser l'Europe. » Cette citation est extraite du document présentant, en septembre 1941, l'exposition *Le juif et la France* qui prétendait justifier « scientifiquement » les lois antijuives de Vichy. Simple rappel, Pétain avait substitué « Travail, Famille, Patrie » à la devise républicaine. Les juifs auraient inventé, « aussi », la République, ce qui ne serait pas le moindre de leurs titres de gloire.

« Les juifs n'ont pas le goût du travail manuel. »

– Quelle est la différence entre
un tailleur juif et un psychiatre ?
– Une génération !

Lorsque les juifs d'Europe orientale émigrèrent en masse vers l'ouest, au début du XXe siècle, ils ne parlaient que le yiddish, et certains d'entre eux la langue du pays qu'ils fuyaient. La plupart d'entre eux n'avaient comme bagage scolaire que les connaissances acquises au *h'éder** (école primaire juive). Dans les pays qui les accueillaient (France, Belgique, Angleterre, États-Unis), les seules activités qui leur étaient accessibles étaient les métiers manuels que, généralement, ils exerçaient « au vieux pays ». Parmi ces métiers, ceux liés à l'habillement leur donnaient la possibilité de gagner de quoi faire venir les épouses et les enfants qu'ils avaient laissés derrière eux. Et ceci sans une formation préalable, à laquelle ils n'avaient pas accès, et que, d'ailleurs ils ne pouvaient pas se permettre.

Les *sweatshops* américains (littéralement, « ateliers de la sueur »), firent la fortune de quelques entrepreneurs qui exigeaient un travail proche de l'esclavage, pour un maigre salaire sur lequel il fallait économiser dollar après dollar, dans l'espoir de réunir la famille. On doit à la vérité de dire que ces exploiteurs étaient souvent des juifs arrivés aux États-Unis quelque temps auparavant. Cet impitoyable scénario n'est pas propre à la communauté juive. Il est toujours, hélas, d'actualité, à chaque fois qu'un flux migratoire apporte aux eldorados occidentaux une main d'œuvre docile et bon marché. Certains juifs s'en sortirent honorablement, d'autres beaucoup moins bien. En plein centre de Manhattan, une statue de bronze figurant un petit tailleur portant la *kippa*, courbé sur sa machine à coudre, évoque cette époque de la « conquête juive de l'Ouest ».

Mais, dans la majorité des cas, ces juifs de la première génération d'immigrés ont eu la volonté de donner la possibilité à leur progéniture de se sortir des *shmattès*, mot yiddish signifiant chiffons mais désignant l'ensemble des professions du vêtement. C'est ainsi que nombre de jeunes juifs se présentèrent dans les principales universités américaines. En 1922, par exemple, la proportion des étudiants juifs atteignait 22 % à Harvard, trois fois plus qu'en 1909. La direction eut la crainte que le pourcentage n'aille en s'accroissant, et institua un quota spécifique aux non-WASP (*White Anglo-Saxon Protestants*), les juifs en étant, à l'époque une des plus importantes composantes. L'argument avancé était très spécieux : « Si chaque école dans le pays n'admettait qu'un nombre limité de juifs, nous ferions un grand pas vers l'élimination des sentiments racistes parmi les étudiants. » On estime à sept cent le nombre d'écoles qui suivirent l'exemple de Harvard. Heureusement, les universités publiques n'appliquèrent pas la politique des quotas qui disparut après l'entrée en guerre des États-Unis.

En France, on ne trouve pareille politique qu'à l'époque de Vichy. Les lois antijuives ont limité à 2 % le nombre de juifs autorisés à exercer des activités libérales. Le terme employé ici n'est plus « quota » mais *numerus clausus*. À propos des avocats, Robert Badinter précise que Xavier Vallat [premier Commissaire aux questions juives] considérait que le *numerus clausus* de 2 % adopté, était extrêmement bienveillant pour les juifs : « Si l'on avait voulu fixer un pourcentage exactement proportionnel à l'importance de l'élément juif en France, le *numerus clausus* eût été de 0,8 %, et même 0,4 % pour les professions exigeant la nationalité française. » (*Un antisémitisme ordinaire*, Robert Badinter) En corollaire de cette loi discriminatoire, le secrétaire d'État à l'Éducation nationale et à la Jeunesse écrit, en juin 1941 à Monsieur le Maréchal : « Si le nombre de juifs médecins ou avocats est réduit (...) il ne leur sert de rien de les autoriser à conquérir des diplômes qui n'eussent été pour eux que des titres nus. Là où les juifs ne sont pas tolérés comme médecins, il est inutile de leur laisser faire des études de médecine. À ceux qui ne peuvent enseigner, il est inutile d'ouvrir l'agrégation. »

De Maïmonide à Freud, les juifs ont toujours été attirés par l'art médical. « L'autre Moïse », doit d'abord son immense notoriété à ses écrits religieux. Il fut aussi le médecin attitré du vizir de Saladin. Ses publications scientifiques ont fait autorité, en leur temps ; circulation sanguine, hémorroïdes, sexualité, asthme, poisons, il a abordé tous les domaines de la médecine.

Peu d'hommes ont autant marqué leur époque que Sigmund Freud. Ses biographes assurent qu'il a toujours veillé à ce que la psychanalyse, qui est universelle, ne soit pas considérée comme une science à dominante juive. Ne dit-on pas qu'un psychiatre est un médecin juif qui a horreur de la vue du sang ?

En Amérique, en Europe occidentale, partout où les facultés leur sont ouvertes, les juifs sont nombreux à exercer les professions médicales. En URSS, on avait, semble-t-il, trouvé un moyen plus expéditif que les quotas et les *numerus clausus*, pour se débarrasser des médecins juifs. En janvier 1953, le gouvernement soviétique annonça le démantèlement du « complot des blouses blanches » et l'arrestation d'éminents médecins, juifs pour la plupart. Ils étaient accusés d'avoir tenté d'empoisonner les dirigeants du parti. Ils furent mis au ban de la société, et la rumeur se répandit d'une déportation massive vers la Sibérie. La mort de Staline, le 5 mars 1953, les sauva d'un sort atroce. Les *Izvestsia* et la *Pravda* annoncèrent, peu après, qu'il s'agissait d'une machination du KGB.

Dans la France d'aujourd'hui, il n'existe pas de statistique permettant de savoir avec exactitude leur répartition parmi les différentes activités, et c'est très bien ainsi. La simple observation fait constater le nombre important de juifs dans les professions médicales, juridiques, scientifiques, artistiques et l'enseignement. Les activités commerciales et artisanales sont toujours bien représentées. Contrairement à la vieille idée reçue, il y a de moins en moins de juifs dans la banque et la finance internationale.

Selon la tradition, un certain nombre de métiers ne sont « pas juifs » : l'armée, la police, l'agriculture, le bâtiment. Ce qui ne signifie pas que les juifs soient absents de ces professions. Mais on n'a jamais entendu parler d'une quelconque « mainmise juive » dans ces secteurs d'activité. Le sport professionnel ne semble pas non plus les attirer. À ce jour, il y eut plus de prix Nobel que de médailles d'or juives.

Bien sûr, ce que nous venons de constater n'est valable qu'en *Diaspora**. En Israël*, toutes les professions nécessaires à la bonne marche d'une nation sont représentées. Le soldat, le policier, le maçon, le paysan sont tous juifs. À la création du jeune État, le grand nombre d'intellectuels comparé aux manuels posait problème. Une célèbre devinette était alors sur toutes les lèvres : « Quelle est la différence entre le Messie et le plombier ? Réponse : le Messie viendra un jour ! » Lorsque les immigrants russes arrivèrent en masse, nombre d'intellectuels durent changer de profession.

> Trois mères – juives, cela va sans dire – discutent de la future carrière de leurs rejetons :
> Mère n° 1 : « Mon fils sera un grand chirurgien. »
> Mère n° 2 : « Le mien, un grand avocat. »
> Mère n° 3 : « Moi, mon fils sera grand rabbin. »
> Mères n° 1 et 2 (ensemble) : « Rabbin ? C'est un métier pour un juif, ça ? »

La propension des juifs pour les métiers intellectuels est une réalité. Mais la tenace idée reçue du juif « grand patron » est loin d'être vérifiée. Comme nous l'avons déjà souligné par ailleurs, les quelques grands capitaines d'industrie, les quelques magnats de la finance et du commerce, sont visibles, ils attirent l'attention. Leur origine juive est immédiatement soulignée. Ils ne doivent pas faire oublier les milliers d'ouvriers, employés, cadres, ingénieurs, petits commerçants, artisans et boutiquiers qui forment la grande masse de la population laborieuse.

« Il existe un lobby juif. »

Lobby or not lobby ? Lubie !

Jean-Marc Chouraqui, *in L'Arche*, novembre 1999

Le terme lobby désigne tout groupe de pression dont le but est d'influencer les législateurs d'un pays en faveur d'une minorité ethnique, religieuse, politique ou professionnelle. À l'origine, les lobbyists intervenaient dans les halls ou antichambres (*lobby*, en anglais) de la Chambre des Communes à Londres, ou du Congrès à Washington.

Aux États-Unis, le lobbying est une activité garantie par le premier amendement de la Constitution. Les lobbys ont pignon sur rue et font partie intégrante du paysage politique américain. Il est apparu normal que des individus ayant la même origine nationale ou religieuse, les mêmes intérêts économiques ou professionnels, se regroupent dans des organisations cherchant à peser sur les décisions gouvernementales.

En Europe, et particulièrement en France, le sens du mot lobby est tout différent. Il est considéré avec suspicion, l'idée de complot contre les intérêts nationaux y étant généralement associée. Et lorsqu'on lui accole l'adjectif « juif », il est carrément péjoratif, voir insultant.

En France, la récente publication d'un livre où un président de la République défunt aurait évoqué « l'influence puissante et nocive du lobby juif », a relancé le débat. L'existence d'un lobby juif, agissant contre l'intérêt national, fut l'une des justifications de la persécution des juifs, jusqu'à faire accepter leur destruction. L'idée reçue d'un lobby juif français est probablement née de la confusion soigneusement entretenue par ceux que la solidarité organisée des juifs dérange.

En effet, la solidarité est un des plus anciens devoirs imposés aux juifs. Les prières, pour la plupart, sont faites à la première personne du pluriel. En effet, si une prière commençait par « je », elle pourrait, au cas où elle serait exaucée, être dirigée contre les autres. Selon une page du Talmud*, « tous les juifs sont responsables les uns des autres. » C'est sans doute cette solidarité implicite qui est à l'origine d'une autre idée reçue : les juifs « se soutiennent entre eux ».

En France, la vie religieuse est organisée autour du Consistoire Central. Créé en 1808, un an après le Grand Sanhédrin* réuni sur ordre de Napoléon Ier, il regroupe la plupart des communautés culturelles, à l'exception de celles qui sont issues des mouvements ultra-orthodoxes ou libéraux. Les communautés religieuses sont diverses :

Les synagogues* sont soit de rite ashkénaze*, soit de rite séfarade*. Les différences essentielles entre les deux rites tiennent à la prononciation de l'hébreu* des prières, l'hébreu des Séfarades étant celui parlé en Israël*.

Les différences sont beaucoup plus marquées entre les ultra-orthodoxes, les orthodoxes et les libéraux. Les premiers appliquent la Loi dans toute sa rigueur. Les deuxièmes, tout aussi respectueux de la Loi, s'adaptent au milieu où ils vivent ; par exemple, dans leur façon de se vêtir (ils ne portent pas la lévite noire et les papillotes des ultras). Les troisièmes tentent de faire évoluer la pensée et la pratique juives selon l'esprit du temps : les prières sont dites en français, les femmes et les hommes prient ensemble, les femmes ont accès à la Torah, les jeunes filles font leur *bat-mitzva**, etc.

Les Ashkénazes de France assurent souvent leur dernière demeure à travers des sociétés mutualistes, dont le but principal est d'acheter et d'administrer des caveaux dans les cimetières, où des zones juives sont bien délimitées. Les Sociétés regroupent, pour la plupart, les originaires des villes et bourgades d'où sont venus les parents ou grands parents. Ainsi, dans les cimetières parisiens, on trouve les pierres tombales des Sociétés de Brest-Litovsk, Stopnica, Kozinice, Chenchtochov, Olkusz, Krasnik, Piotrkow, Siedlec, Lukow, Szydlowiec, et de bien d'autres dont les noms posent pas mal de soucis à ceux qui sont chargés de rédiger le présent texte.

Sont inscrits sur les pierres en forme de tables de la Loi beaucoup plus de noms que ne peuvent contenir les fosses. La mémoire de familles entières décimées au cours de la Shoah est simplement évoquée par un nom gravé dans la pierre. Chaque année, entre Rosh Hachana et Yom Kippour, la tradition est maintenue. Les représentants des Sociétés viennent sur les tombes des chers disparus, drapeaux et banderoles en tête des cortèges. Les personnalités disent des discours, parfois en yiddish ; puis on récite la prière des morts. Enfin, dans les cafés qui bordent le cimetière, il n'est pas rare qu'une petite collation, souvent un petit morceau de *shmalz heyring* (du hareng gras) accompagné d'un verre de vodka, soit offerte par le « comité des fêtes ».

Les juifs de la *Diaspora** ont toujours ressenti le besoin de se regrouper dans les pays d'accueil, tout comme les autres minorités. Le nombre des institutions et associations juives est considérable et leur diversité étonnante : religieuses, laïques, caritatives, féminines, professionnelles, politiques, culturelles, historiques, géographiques. Certaines répondent à plusieurs de ces critères à la fois. Bien entendu, les juifs sont membres actifs, honoraires ou sympathisants et cotisent souvent à plusieurs de ces associations, ce qui rend toute statistique incertaine. On dit couramment, avec un clin d'œil, que là où il y a trois juifs, il y a quatre opinions. Isaac Bashevis Singer illustre ce propos, à sa manière :

> Invité à lire une de ses nouvelles devant un groupe de vieux juifs de Brooklyn, il raconte : « Quand je suis arrivé, qu'ai-je trouvé ? En tout douze vieillards, à qui j'ai lu une de mes nouvelles. J'avais à peine terminé, qu'un type s'est levé et m'a dit : "Ce n'est pas une bonne histoire. Ce n'est pas une histoire sioniste. Je crache sur votre histoire ! Il a craché sur le sol, très en colère, et s'est assis. À ce moment, un autre s'est levé, et m'a dit : "Ce n'est pas une bonne histoire, ce n'est pas une histoire orthodoxe, et je crache sur votre histoire ! Et comme le premier, il a craché par terre avant de se rasseoir. D'autres ont objecté que mon histoire n'était pas une histoire socialiste, ou même pas une histoire yiddish du tout. Mais ils étaient tous d'accord sur une chose, ce n'était pas une bonne histoire. Un des types a même craché deux fois, parce que mon histoire n'était ni orthodoxe ni sioniste. Bon, ce qui fait que pour douze juifs, j'ai eu droit à treize crachats ! »

Dresser un tableau, même succinct, des différentes organisations juives dans le monde est une tâche impossible dans un ouvrage comme celui-ci. Avec une population de 600 000 personnes, la communauté juive française est la troisième au monde, loin derrière, il est vrai, les communautés américaine et israélienne. Elle compte des dizaines d'associations, sociétés, amicales et institutions. On se contentera de citer les principales structures de la communauté juive française.

Le FSJU (Fonds Social juif Unifié) est la fédération nationale des institutions et associations communautaires juives de France. Il est l'organisme central de la communauté pour l'action sociale et humanitaire. Le FSJU fédère une centaine d'associations sociales et éducatives, d'établissements scolaires et de centres culturels. Il a également pour vocation de développer les liens du judaïsme français avec Israël.

Le CRIF (Conseil Représentatif des Institutions juives de France) rassemble les différents mouvements et organisations juifs de France, au-delà des tendances et des opinions. Le CRIF est l'organisme habilité à représenter, au plan politique, la communauté juive de France. Il est l'interlocuteur du pouvoir, des médias, des autres communautés confessionnelles et morales et des institutions de défense des Droits de l'homme. Le CRIF fédère des dizaines d'organisations, associations, institutions, dont les représentants élisent le Président et le bureau exécutif.

Fondée en 1860 par 17 jeunes juifs français, l'Alliance Israélite Universelle (AIU), a pour but de « rassembler tous les cœurs généreux pour lutter contre la haine et les préjugés... ; faire que la culture supplante l'ignorance de quelques fanatiques, pour le bien de tous ; concentrer toutes les forces vives du judaïsme, petit par le nombre, grand par l'amour et la volonté du bien. » (extrait de l'appel du 17 mai 1860) Elle fut, dès sa création, très active dans le domaine de l'éducation, diffusant intensément la langue et la culture françaises, surtout autour du bassin méditerranéen. Aujourd'hui, le rôle universel de l'Alliance est reconnu. Elle gère de nombreuses écoles dans une quinzaine de pays. Sa bibliothèque est ouverte à tous. L'AIU s'honore d'avoir compté parmi ses dirigeants de grandes figures de la République, tels qu'Adolphe Crémieux et René Cassin.

D'autres associations sont liées à l'histoire de la persécution des juifs en France de 1940 à 1944. Elles perpétuent la mémoire des victimes (Mémorial de la Shoah, Centre de Documentation juive contemporaine, Enfants Cachés). Elles œuvrent pour la reconnaissance des préjudices subis et poursuivent en justice les responsables des persécutions (Fils et Filles des déportés juifs de France).

Comme les paysans, les chasseurs, les anciens combattants, les juifs français se sont groupés pour défendre des causes qu'ils estiment légitimes, sans aucune intention de nuire à leurs concitoyens. Laissons le dernier mot à Jean-Marc Chouraqui : « Dans la fantasmagorie antisémite du lobby, les juifs constituent un ensemble uni, non comme les cinq doigts de la main, mais comme les tentacules d'une pieuvre enserrant le globe terrestre. »

Conclusion

> ***Les juifs sont exactement comme tout le monde ; seulement, un peu plus.***
>
> **Anon**

Avec un effectif estimé à 14 millions d'individus, les juifs représentent moins de 1,5 % de la population mondiale. Nous disons « estimé », non seulement à cause de la réticence traditionnelle juive à tout recensement, mais aussi parce qu'il n'existe pas de statistique fiable dans les pays de la *Diaspora**.

POPULATION JUIVE MONDIALE

(source : World Jewish Congress, 1998)

États-Unis	5 800 000
Israël	4 850 000
France	600 000
Russie	550 000
Ukraine	400 000
Autres pays de l'ex-URSS	220 000
Canada	360 000
Royaume-Uni	300 000
Argentine	250 000
Brésil	130 000
Afrique du Sud	106 000
Australie	100 000
Autres pays d'Europe	200 000
Autres pays	134 000
TOTAL	**14 000 000**

Malgré leur relatif petit nombre, les juifs ont, de tout temps, compté pour beaucoup plus que leur rapport à la population mondiale.

L'histoire juive, plus de cinq fois millénaire, est toujours présente dans tous les esprits. Le monothéisme, duquel sont nées les trois grandes religions universelles, la Bible* et ses innombrables commentaires, ont profondément influencé le monde méditerranéen d'abord, l'Europe ensuite, et bien entendu l'Amérique. De nombreuses individualités dans tous les domaines de la pensée humaine, ont considérablement marqué leur temps.

La dispersion du peuple juif a créé des minorités dans tous les pays du monde. C'est la volonté des juifs de ne pas disparaître, de conserver leur identité, qui est l'origine de tant d'idées reçues, dont certaines ont été la cause des vicissitudes de leur histoire.

Depuis la création de l'État d'Israël* en 1948, d'autres idées reçues sont apparues. Il y a souvent confusions et amalgames entre « juif, hébreu*, israélien, israélite, sioniste ». Les douloureux événements du Moyen-Orient font que les juifs ne cessent d'être « à la une » des médias.

On a souvent tenté de démontrer par *Alef* plus *Bet* que certaines idées reçues sur les juifs sont fantaisistes et dénuées de tout fondement. Qu'on ne se fasse aucune illusion. Le lecteur qui « y croit » continuera d'y croire. Mais, si le doute, si mince soit-il, s'est installé dans son esprit, le présent petit livre n'aura pas été inutile.

ANNEXES

Glossaire

Le pluriel des mots hébraïques se fait en « im » au masculin, en « oth » au féminin.

Aggada : Récit, en hébreu. La tradition rabbinique distingue la **Halakha** – la Loi – de la Aggada, ensemble des textes qui émaillent les décisions juridiques des Sages. Les **Aggadoth** se présentent sous formes de récits, d'histoires, de légendes et de paraboles.

Aliya : 1. « Montée à la **Torah** » du fidèle appelé à la lecture biblique. 2. Pèlerinage à Jérusalem à l'époque du temple de Jérusalem. 3. Depuis la création de l'État d'Israël, l'immigration des juifs de la *Diaspora*.

Ashkénaze : Juif originaire d'Europe du Nord. Ashkénaz, un arrière petit-fils de Noé, est supposé être natif d'Allemagne. Rachi emploie le terme ashkénaze lorsqu'il évoque le pays ou la langue allemande. Par extension, désigne l'ensemble des pays germanophones, de Pologne et de l'ancien Empire russe. La langue des Ashkénazes est le **yiddish**.

Bar-mitzva : Fils du commandement, en hébreu. Acte solennel par lequel le jeune garçon juif de treize ans entre dans la communauté juive. Il sera dorénavant autorisé à lire la **Torah**, et comptera dans le **Minyan**, nécessaire pour la prière. Certaines communautés autorisent la **bat-mitzva**, c'est-à-dire la confirmation pour les filles âgées de plus de douze ans.

Bible : Du grec, *Biblion*, le livre. La Bible hébraïque (ou **Tanakh**) est composée de : la **Torah**, ou Pentateuque, (les cinq premiers livres : Genèse, Exode, Lévitique, Nombres, Deutéronome) ; des Prophètes ; et des Hagiographes. Pour les chrétiens, la Bible est composée de l'Ancien Testament (la Bible des juifs), et du Nouveau Testament. À noter que les juifs n'emploient jamais le terme d'Ancien Testament pour désigner la Bible.

Brit mila : Circoncision pratiquée le huitième jour de la vie des enfants mâles par le *mohèl* (circonciseur rituel).

Bund : Union Générale des ouvriers juifs de Lituanie, Pologne et Russie. Parti socialiste juif, autonomiste et antisioniste, fondé à Vilnius en 1897.

Diaspora : Du grec *dispersion*. Dans le langage courant, désigne l'ensemble des juifs vivant hors d'Israël. Le terme hébreu pour « exil » ou captivité est **galout**.

Dix Commandements (ou Décalogue) : Injonctions divines inscrites sur les **Tables de la Loi**, données à Moïse sur le mont Sinaï. Les Dix Commandements peuvent être résumés ainsi : 1. Principe du monothéisme – 2. Interdiction de l'idolâtrie – 3. Interdiction du blasphème – 4. Respect du sabbat – 5. Honneur dû aux parents – 6. Interdiction du meurtre – 7. Interdiction de l'adultère – 8. Interdiction du vol – 9. Interdiction du faux témoignage – 10. Interdiction de la convoitise.

Douze Tribus : À la mort de Jacob, le royaume d'Israël fut divisé en douze tribus attribuées à chacun de ses fils : Ruben, Siméon, Lévi, Juda, Issachar, Zabulon, Dan, Naphtali, les fils de Joseph : Manassé et Ephraïm, Benjamin, Gad et Acher. La tribu de Lévi, consacrée au sacerdoce, ne reçut pas de territoire. Les douze Tribus furent réunies jusqu'à la disparition de Salomon. Elles se scindèrent alors en deux royaumes : celui de *Juda*, composé des tribus de Juda et Benjamin ; et celui d'*Israël*, des dix autres tribus. Ce dernier fut détruit par les Assyriens, et ne subsista que le royaume de Juda. Les **Dix Tribus Perdues** furent donc celles de l'ancien royaume d'Israël.

Ghetto : Nom donné au quartier surpeuplé où les juifs des cités médiévales étaient contraints de vivre. À l'origine, le quartier juif de Venise était situé près d'une fonderie – *getto*, en italien. C'est le pape Paul IV qui institua les ghettos en 1555. Après qu'ils eurent disparu au cours du XIXe siècle, les nazis les firent renaître, et y entassèrent les juifs placés sous leur domination. Le plus célèbre fut le ghetto de Varsovie qui rassembla plus de 500 000 juifs.

Goy : De l'hébreu *goy*, nation. Au pluriel – **goyim** – désignation biblique des nations autres qu'Israël. *Goy* se traduit en latin par *gentile*, ou *gentil*, en français. *Goy* en est venu à désigner tous les non-juifs, comme *gentil* un païen pour les premiers chrétiens. Pour les juifs, *goy* est d'un usage plutôt péjoratif. En yiddish, **shayguetz** (de l'hébreu *shekets*, abomination) est le nom donné de manière sarcastique à un jeune non-juif ; de même, le féminin, **shiksa**, désigne une jeune femme non-juive.

Haskala : Mouvement juif des lumières créé par Moïse Mendelssohn (1729-1786), et dont le but essentiel était d'adapter le judaïsme au monde moderne

H'assidisme : Mouvement religieux fondé au XVIIIe siècle, en Europe orientale, par Israël Ben Eliezer, surnommé le **Baal Shem Tov** (Maître du bon Nom). Les **H'assidim** étaient partisans d'un culte simple et joyeux dans lequel le chant et la danse s'opposaient à l'emphase des rabbins traditionnels. Aujourd'hui, le terme désigne, en général, les juifs orthodoxes.

H'azan : Chantre qui conduit le service de la prière.

Hébreu : Peuple dont l'histoire est narrée par la Bible. Langue parlée en Israël.

Israël : Nom donné par l'Éternel à Jacob, après son combat avec un ange, et dont la signification est « jouteur puissant ». Israël devint ensuite le nom du pays où vivaient les Dix Tribus du Nord. En 1948, l'État juif prit le nom d'Israël. Les **Israéliens** sont les citoyens de l'État d'Israël.

Kabbale : « Tradition reçue » en hébreu. Ensemble des doctrines et préceptes du mysticisme juif. Le **Zohar** (livre de la splendeur) est l'ouvrage majeur fondateur de la Kabbale. Au sens figuré, une Kabbale (ou cabale) désigne l'ensemble des manœuvres secrètes concertées contre quelqu'un ou quelque chose.

Midrash : Commentaire rabbinique de la Bible, destiné à l'enseignement. Les **Midrashim Halakha** commentent et explicitent la Loi. Les **Midrashim Aggada** dispensent un enseignement moral, dont les héros sont généralement des personnages de la Bible.

Minyan : Assemblée de dix juifs ayant satisfait aux conditions de la *bar-mitzva*. Le quorum de dix est nécessité pour chaque prière commune. Le lieu de la prière n'est pas obligatoirement la synagogue, et la présence d'un rabbin n'est pas non plus requise. Les juifs libéraux admettent les femmes dans le **minyan**.

Mur occidental (en hébreu, **Kotel Ha Maaravi**) : Partie du mur de soutènement occidental, vestige du Temple de Jérusalem, construit par Hérode, et détruit par Titus en 70 apr. J.-C. Le plus important des lieux saints juifs, que les non-juifs nomment *Mur des Lamentations*.

Patriarches : Les trois pères fondateurs du peuple juif : Abraham, Isaac et Jacob. Les **Matriarches** sont leurs épouses : Sarah, Rebecca, Léa et Rachel (ces deux dernières étant les femmes de Jacob). Les noms des Patriarches et des Matriarches sont souvent évoqués dans les prières juives.

Pharisiens : Tenants du judaïsme antique, qui, par opposition aux *Sadducéens*, croyaient à l'interprétation de la Loi. Les Pharisiens seuls, subsistèrent après la destruction du Second Temple. L'ensemble du judaïsme contemporain est donc issu des Pharisiens. Le terme « pharisien » prit un sens très péjoratif (hypocrite, orgueilleux) après la diffusion du Nouveau Testament chrétien.

Rabbin : Titre conféré à une sommité ou à un enseignant faisant autorité en matière religieuse. Depuis la destruction du Temple, il n'y a plus de prêtres.

Sanhédrin : Assemblée de 71 sages siégeant à Jérusalem, au temps du Temple. Ses compétences étaient celles d'une cour suprême qui légiférait et jugeait. Napoléon Ier tenta de faire revivre l'antique institution et fit réunir le Grand Sanhédrin de France en 1807.

Séder (ordre, en hébreu) : Cérémonie familiale célébrant la fête de **Pesah'**, la Pâque juive.

Séfarade : Juif originaire d'Espagne et du Portugal. En hébreu, « séfarade » désigne la péninsule ibérique. La tradition regroupe sous ce terme l'ensemble des juifs qui ne sont pas Ashkénazes, entre autres tous les juifs originaires d'Afrique du Nord, du Moyen-Orient, de Turquie et des pays balkaniques. La langue parlée par les **Séfaradim** est le judéo-espagnol, ou **ladino** dans sa forme imprimée. Leur prononciation de l'hébreu est celle qui a été retenue pour l'hébreu moderne parlé en Israël.

Shoh'èt : Abatteur rituel.

Shtetl : Village juif d'Europe orientale.

Sion, sionisme : « David s'établit dans la forteresse [de *Sion*] qu'il nomma "la cité de David" et ajouta des constructions tout autour… » (Samuel, II) Cette cité devint Jérusalem. Le *sionisme* est le mouvement national qui a pour but le retour en **Israël** du peuple juif.

Synagogue : Du grec « réunion, lieu de rassemblement ». Le lieu de prière des juifs où sont gardés les rouleaux de la Torah. En hébreu, **Bet Midrash**, la maison de l'étude. Les Ashkénazes emploient souvent le mot **Shoul**, école en yiddish.

Talmud : : transcription et interprétation de la Loi Orale, qui complète et précise les enseignements de la Bible. Le Talmud comprend deux parties : La **Michna** qui expose les textes juridiques de la **Halakha** (la Loi) ; et de la **Guémara** qui interprète, explicite et commente la Michna. Le **Talmud de Babylone**, édité aux alentours de l'an 500, fait encore autorité de nos jours.

Yeshiva : À l'origine, académie de Palestine ou de Babylone où fut rédigé le Talmud. De nos jours, école supérieure consacrée essentiellement à l'étude du Talmud et de la **Halakha**.

Calendrier juif

Le calendrier juif est basé sur l'année lunaire de douze mois, chaque mois comptant 29 ou 30 jours. Afin de rattraper l'année solaire, un mois (Adar II) est ajouté sept fois dans un cycle lunaire de dix-neuf ans. La création du monde commence l'ère juive, 3 760 années (et 3 mois environ) avant l'ère chrétienne. Ainsi, l'année juive 5 762 commence le 18 septembre 2001 et finit le 6 septembre 2002.

La semaine commence le dimanche pour se terminer le *Shabbath*, jour de repos et de prières. Les jours de la semaine n'ont pas de nom, mais un numéro : le Dimanche est le « jour 1 », le lundi est le « jour 2 », et ainsi de suite.

Mois du calendrier juif	Mois du calendrier grégorien
Tichri	septembre – octobre
Heshvan	octobre – novembre
Kislev	novembre – décembre
Tevet	décembre – janvier
Shevat	janvier – février
Adar	février – mars
Nisan	mars – avril
Iyar	avril – mai
Sivan	mai – juin
Tamuz	juin – juillet
Av	juillet – août
Elul	août – septembre

Les principales fêtes du calendrier juif sont :

- **Roche Hachana** *(1 - 2 Tichri)* : Nouvel An juif.
- **Yom Kippour** *(10 Tichri)* : Grand Pardon.
- **Soukkoth** *(15 - 22 Tichri)* : Fête des tabernacles ou des tentes, commémoration de l'errance des juifs dans le désert à l'époque de l'Exode.
- **Simh'at Torah** *(23 Tichri)* : Fête de la Torah, marquée par la lecture du dernier chapitre, suivie immédiatement de celle du premier chapitre du Pentateuque.
- **H'anoukka** *(25 Kislev – 3 Tevet)* : Fête de l'Inauguration, commémorant la victoire des Macchabées sur les Syriens, à l'issue de laquelle le Temple détruit fut « ré-inauguré ».
- **Pourim** *(14 Adar)* : Fête des Sorts, rappelant le sauvetage des juifs par Esther et son oncle Mardochée.
- **Pesah'** (Pâque) *(15 – 22 Nisan)* : Commémoration de la fuite d'Égypte et du « passage » de la mer Rouge, conduits par Moïse.
- **Chavouoth** *(6 – 7 Sivan)* : Fête du don de la Torah au peuple juif.

Les fêtes juives commencent toutes au coucher du soleil, la veille du jour calendaire et se terminent au crépuscule du dernier jour.

Pour aller plus loin

La bibliographie est immense. Elle commence à la Bible et ne cesse de croître. Les Livres que nous recommandons ne sont qu'une sélection, forcément subjective.

Parmi les **ouvrages généraux**, on peut citer :

- *Dictionnaire encyclopédique du judaïsme*, G. Wigoder,(Cerf, Robert Laffont, collection « Bouquins », 1999)
- *Dictionnaire des personnages,* V. Bompiani (Robert Laffont, collection « Bouquins », 1999)
- *Le Grand Livre de la sagesse juive,* J. Telushkin, (Calmann-Lévy, 1999)
- *Dictionnaire de la civilisation juive : auteurs, œuvres, notions*, J.-C. Attias et E. Benbassa (Larousse-Bordas, 1997)
- *Guide pratique du judaïsme : de Aaron à Zohar,* É. Baroukh et D. Lemberg (First, 1994)
- *Le Judaïsme de A à Z : lexique des termes et des notions de la vie juive,* J. Newman et G. Sivan (Dora, 2000)

Le lecteur désireux de revenir aux **sources religieuses** consultera :

- *La Bible,* Zadoc Kahn (Librairie Colbo et Judaica Poche, 1966)
- *Le Nouveau Testament et les psaumes*, d'après la traduction de L. Segond, version 1910.
- *Aggadoth du Talmud de Babylone*, traduit et annoté par A. Ekaïm-Sartre (Verdier, 1982)
- *Dictionnaire de la Bible*, A.-M. Gérard (Robert Laffont, collection « Bouquins », 1989)
- *Rachi*, V. Malka (PUF, collection « Que sais-je ? », 1993)

Pour se faire une idée de l'**histoire juive**, on lira avec intérêt :

- *Précis d'histoire juive des origines à 1934*, S. Doubnov (Cerf, 1992)
- *Histoire des juifs de France,* E. Benbassa (Point Seuil, 2000)
- *Histoire universelle des juifs,* É. Barnavi (Hachette, 1992)

L'**histoire juive contemporaine** a fait l'objet de nombreux ouvrages parmi lesquels :

- *Les juifs et le XX*e *siècle, dictionnaire critique,* É. Barnavi et S.

Friedlandler (Calmann-Lévy, 2000)

- *Le Calendrier de la persécution juive en France,* S. Klarsfeld (Les fils et filles des déportés juifs de France, 1993)
- *La Résistance juive en France,* Anny Latour (Stock, 1970)
- *Terre de détresse,* Odette Abadi (L'Harmattan, 1996)

Concernant le point particulier de l'**antisémitisme**, on peut recommander :

- *Réflexions sur la question juive.* J.-P. Sartre (Gallimard, 1954, Folio, 1985)
- *Les juifs et l'argent : pour une métaphysique de l'argent,* É. Valdman (Dora, 2000)
- *La Rumeur d'Orléans.* E. Morin (Seuil, 1969, collection « Points histoire », 1982)
- *L'Antisémitisme dans la littérature populaire,* M.-F. Rouart (Berg International, 2001)
- *Mendelssohn est sur le toit,* Jiri Weil (Denoël, collection « Empreintes », 1993)

L'humour juif est un genre littéraire à lui tout seul, très ancien et toujours d'actualité. Les livres traitant de l'humour sont légion. Dans cette gigantesque bibliothèque, nous avons retenu :

- *Les joies du yiddish,* L. Rosten, traduit et adapté par V. Kuperminc (Calmann-Lévy et Livre de Poche, 1994)
- *Jewish Humor,* J. Telushkin (Wiliam Morrow & C°, 1992)
- *L'humour juif,* J. Klatzmann (PUF, collection « Que sais-je ? », 1998)
- *Le petit Woody Allen,* W. Allen et L. Sunshine, (Plon, 1995)
- *Humour et sagesse judéo-arabe,* A. Nahum (Desclée de Brouwer)
- *La Reine et le Calligraphe,* M. Abadi (De Bartillat, 1993)
- *Shimon le parjure,* M. Abadi (Le Laquet, 1998)
- *La Bible de l'Humour Juif,* M. A. Ouakin et D. Rotnemer (Ramsay, 1997)
- *Contes et récits humoristiques du monde juif,* M. Klein-Zloty (L'Harmattan, 1991)
- *Le rire de Dieu,* A. Bouganim (Stavit, 1996)

Dans la même collection

Santé & Médecine

Le Cancer, Jacques Rouëssé
La Mémoire, Jean Cambier
Les Bébés, Mylène Hubin-Gayte
Les Gauchers, Marie-Alice Du Pasquier-Grall
Vieillir, Christophe de Jaeger (à paraître)

Histoire & Civilisations

Napoléon, Thierry Lentz
Les Corses, Philippe Franchini
Les Francs-Maçons, Jean Moreau
L'Islam, Paul Balta
La Russie, Jean-Louis Buer
L'Amérique, Hélène Harter
L'Égypte pharaonique, Dimitri Laboury

Économie & Société

L'École, Vincent Troger
Les Fonctionnaires, Luc Rouban
Le Bac, Georges Solaux
La Graphologie, Denise de Castilla
La Prostitution, Malika Nor
La Télévision, Isabelle Gougenheim & Yves d'Hérouville
Les Banlieues, Véronique Le Goaziou & Charles Rojzman
La Prison, APERI
L'Adoption, Fanny Cohen-Herlem (à paraître)
Les Adolescents, Michel Fize (à paraître)
La Mondialisation, Jean-Claude Ruano-Borbalan & Sylvain Allemand (à paraître)

Sciences & Techniques

Les Origines de l'homme, Pascal Picq (à paraître)

Arts et Culture

Le Vin, Jean-François Gautier
La Comédie Française, Salomé Broussky
La Culture américaine, Adrien Lherm (à paraître)
L'Art contemporain, Isabelle de Maison Rouge (à paraître)

Responsable éditorial : Sophie Behr, assistée d'Agathe Lebelle.
Remerciements de l'Éditeur à Maryse Claisse, Sophie Huttepain, Hélène Latreille.
Crédits des illustrations : p. 70 : © Les Fils et Filles des Déportés Juifs de France
Imprimé en France sur les presses de l'imprimerie Aubin à Ligugé
N° d'impression : L 62432

Diffusion : Harmonia Mundi

ISBN 2-84670-023-0 / Dépôt légal : octobre 2001